여자는 알지만 남자는 모르는 20가지

이승호 지음

여자는 알지만

**성공하려거든
여자를 읽어라!**

남자는
모르는
20가지

21세기북스

차 례

아내가 차려 놓은 밥상에
인생의 답이 있다

이야기 하나

"멀리 가 있어. 그렇다고 너무 멀리 가진 말고."

근래 개봉한 한국 영화 중 관객들로부터 많은 사랑을 받았던 〈건축학 개론〉의 한 대목이다. 여자 주인공이 음주 후 볼일이 급한 나머지 길가에 세워진 화장실을 이용하려다 남자 친구에게 하는 대사인데, 그 어감이 왠지 미묘하다.

멀리 가 있으란다. 아무렴. 연애 초기인 만큼 아직은 서로 부끄러운 게 더 많은 때일 테니 왜 안 그렇겠는가. 그런데 그렇다고 너무 멀리 가지는 말라니, 이건 또 무슨 말인가. 가라고 하면서 그렇다고 너무 멀리 가지는 말라니. 도대체 어쩌라는 말인지 영 헷갈린다. 가까이에 있으라는 것인지, 아니면 저쪽으로 멀리 가 있으라는 것인지. 하지만 문장을 자세히 살펴보면 그 행간에 남자의 보호 본능을 자극하는 의미가 숨어 있음을 확인할 수 있다. 가깝지도 멀지도 않은 곳에서 자신을 지키고 보호해 달라는 메시지가 아니겠는가.

이처럼 영화 속 대사 한마디에도 여성의 복잡 미묘한 심리가 만만치 않게 숨어 있다. 그렇다 보니 한 번에 한 가지만 이해하기에도 힘든 남자들의 단순한 머리로 여자들의 이 복잡다단한 복선을 이해하려면 세심한 노력 없이는 불가능한 일이다.

이야기 둘

3월 14일. 대체 누가 이런 상술을 만들었단 말인가. 무슨무슨 날들은 왜 이리 자주 찾아오는지. 여자들은 이 무슨무슨 날들에 엄청난 의미를 부여한다. 그래도 그냥 넘어갈 수 없으니 슬쩍 운을 뗀다.

"내일 화이트데이인데 받고 싶은 거 있어?"

"글쎄 뭐, 괜찮아."

남편의 얼굴에 안도와 기쁨의 빛이 스쳐간다.

"그렇지? 이제 우리가 그럴 나이는 지났으니까. 애들도 아니고 말이야."

그리고 며칠이 지난 어느 날. 아내의 말투가 가시처럼 뾰족하다.

"자긴 애정이 식은 것 같아."

"무슨 소리야? 애정이 식다니……."

"아니야, 틀림없어! 그렇지 않고서 어떻게 화이트데이에 아무 이벤트도 없이 그냥 넘어갈 수가 있어? 다른 땐 공연을 보러 가거나 선물이라도 줬었잖아."

남편은 순간 할 말이 떠오르지 않는다. 갑자기 머릿속이 복잡해진다.

'공연을 보러 갔었다고? 그랬나? 그건 그렇다 치고, 그래서 내가 분명히 뭐 받고 싶은 거 있냐고 물어 보지 않았느냐고. 그런데 정작 자기가 괜찮다고 해놓고선 이제 와서 안 챙겨 줬다고 나를 닦아세우다니…….'

"난 그냥 당신이 아무것도 필요 없다고 해서……."

"그래도 그렇지! 어떻게 그렇게 싹 입 닦고 모른 척할 수 있어!"

미치고 팔짝 뛸 노릇이다. 아무리 여자들의 겉으로 하는 말만 가지고 판단해서는 안 된다고 하지만 이건 해도 너무하지 않은가.

하루에도 몇 번씩 남성과 여성은 가정과 직장이라는 공간에서 소소한 불협화음을 일으키기도 하고 혹은 애정 어린 관계로 서로 도우며 살아가기도 한다. 그러다 때로는 파트너 관계를 뛰어넘어 직업적 경쟁자가 되거나 나아가 위협적인 존재로 변질되기도 한다.

남성이 여성과 직접적으로 가장 흔하게 맞닥뜨리는 장소는 가정 내의 식탁 공간이다. 그 대상이 어릴 적에는 어머니였다가 성장해 결혼을 하면서 아내로 바뀔 뿐, 우리는 그녀들을 통해 하루 동안 사용할 에너지를 공급받는다. 맞벌이 부부임에도 늘 아내가 차려 주는 따뜻한 밥상에 연연하는 것도 어쩌면 엄마의 젖꼭지를 통해 영양과 에너지를 공급받던 그 시절로의 회귀본능 때문인지도 모른다. 물론 시간이 흐를수록 가장으로서의 기본적인 대우마저 못 받는 남자들이 늘고 있는 서글픈 현실이긴 하지만.

식탁 위에는 김이 모락모락 나는 밥과 김치찌개 그리고 고등어구이,

미나리무침, 콩나물, 장조림, 깍두기, 김 등의 반찬들이 조화를 이루며 정갈하게 올라 있다.

한 끼 식사를 차리기 위해 여성은 정성을 다해 솜씨를 발휘한다. 그녀는 본인보다는 사랑하는 가족이 좋아하는 음식에 초점을 맞춘다.

"오늘은 당신이 좋아하는 된장찌개 끓였어요."

"오늘은 엄마가 우리 아들 좋아하는 불고기 해놨지!"

이처럼 여성들이 차리는 식탁에는 자신보다는 가족을 위한 배려가 깊게 깔려 있다.

그렇다 보니 여성들은 업무가 이뤄지는 현장에서도 팀의 구성원들이 무엇을 좋아하는지, 그들에게 어떤 적절한 상황을 만들어 주어야 하는지를 척척 알아낸다. 이는 기업체에서 수많은 클레임을 제기하는 고객들을 응대하는 상담실 직원의 태도와도 유사하다.

각각의 음식들은 혼합과 흡수를 통해 적절한 영양소로 공급되고 그에 따른 시너지를 배가시킨다. 다시 말해 소통, 공감, 격려, 배려, 헌신, 포용, 끈기, 사랑 등의 효과를 만들어 내는 것이다. 이는 보통 여성의 공통적 속성에 해당하며, 사람 사이의 관계 혹은 비즈니스 현장에서의 필수불가결한 요소다.

식탁에 앉은 가족 중 누군가가 자신이 좋아하는 반찬이 하나도 없다며 투정을 부린다.

"내가 좋아하는 것 좀 해주지. 왜 지난번에 먹었던 거 있잖아!"

여성들은 그런 가족들을 달래며 투정마저도 묵묵히 받아들이고 참아 낸다.

세상의 모든 아내와 어머니들은 곧 팀장이자 경영자다. 그녀들은 구성원들에게 가장 자신 있는 메뉴를 선보이고 소통이라는 창구로 그들을 초대한다. 공감을 기반으로 배려를 혼합하고 격려와 지지의 참기름을 넣어 나물을 무친다. 포용의 프라이팬에 달걀물을 붓고 이해와 사랑으로 돌돌 말아 달걀말이를 만든다.

식탁의 한 해 메뉴로는 코칭, 동기 부여, 역량 강화, 독서 경영, 직능 교육 등의 다양한 음식이 준비되어 있고, 그곳에 초대받은 우리는 이를 통해 목표를 달성하고 성과를 내야 하는 개인들이다. 식탁을 어떤 전략으로 어떻게 차리느냐에 따라 생산력과 성과 지표는 달라질 수밖에 없다. 그렇기에 오늘날 이 같은 여성의 본질적 파워는 사람들의 관심을 끌어 모으기에 충분하다. 종종 이해하기 어려운 부분이 있긴 해도 오늘 우리가 만나는 그녀들을 새로운 성공 키워드의 요소로 주의 깊게 바라봐야 하는 이유가 바로 여기에 있다.

여성만이 가지고 있는 메타포의 강한 힘.

오늘도 여성들은 정성스럽게 준비한 실탄으로 식탁을 차린다.

1부

사냥하는 남자
vs
아이 기르는 여자

1
남자와 여자는
본질적으로 다르다

'남자들이 외친다…… 세상은 왜 여성 편만 드는가'

2012년 10월 31일자 《조선일보》 문화면에 실린 호기심을 자극하는 내용의 머리기사다. 이 기사에는 양복을 차려입은 낯선 남자들의 사진과 함께 '남성연대'라는 단체의 활약상이 소개되어 있었다. 실제로 그들은 여성가족부 폐지를 부르짖으며 각종 남성 차별에 대한 법정 투쟁은 물론 남성 비하 광고 카피에 항의해 광고를 철회시키기도 했다.

내용을 읽다 보니 어쩌다 남자들의 신세가 이 지경까지 추락했을까하는 자조적인 한탄이 절로 나왔다. 그러면서도 한편으로는, 그래도 그렇지 어찌 저런 단체까지 등장하나 싶어 뒷맛이 영 씁쓸했다. 그런데 주목할 점은 개그 프로그램의 한 장면 같은 이 단체의 회원 수가 무려 8만 3000여 명에 이른다는 사실이다. 그만큼 시대의 조류로 떠오르는 여성 파워에 대항해 힘을 모으고자 하는 남자들이 많다는 의미이리라.

이 같은 현실을 반영이나 하듯 최근에는 해나 로진의 『남자의 종말』이라는 책이 출간되기도 했다. 같은 남자 입장에서 범상치 않은 제목의 이 책에 관심이 가는 게 당연했다. 기대감과 호기심에 휩싸여 몇 장을 들춰 보았다. 책에는 2000년대에 들어서면서 남성 우위의 역사가 끝나고 여성 득세의 서막이 열렸으며, 이를 뒷받침이나 하듯 미국에서는 2009년 사상 처음으로 일자리의 절반을 여성이 차지했고, 향후 10년간 성장 가능성이 가장 높은 30가지 직종 중 20종에서 여성이 지배적 위치를 차지할 것이라는 내용이 담겨 있었다. OECD 34개국 중 27개국에서 여성 대졸자의 비율이 남성 대졸자보다 높게 나타났으며, 고학력에 경제력이 커진 젊은 여성들은 자신의 조건에 부합하는 남성을 선택해 만난다는 것이다.

저자는 이를 주로 근육에 의존했던 남성의 시대가 퇴화하고 후기산업사회로 접어들면서 사회 지능이나 개방적 의사소통, 그리고 조용히 앉아 집중할 수 있는 여성적 특성을 요하는 분야가 많아졌다는 데 그 근거를 두며, 이를 뒷받침하는 다양한 분석 자료와 사례를 함께 제시한다.

이 같은 여성 파워의 세찬 흐름은 우리나라도 피해갈 수 없는 현실이다. 가계를 잇기 위해 전통적으로 아들을 선호하던 기업체에서도 전문성으로 무장한 CEO의 딸들을 경영 전반에 내세우고 있다. 이런 현상은 삼성, 현대, 한진그룹 등의 대기업뿐만 아니라 중견기업으로까지 확장되고 있으며, 이를 단순히 일시적 흐름으로 간주하기는 어렵다.

그렇다면 과연 이 같은 현상은 어디에서 기인하는 것일까. 여성들의 어떤 힘이 새로운 세기가 요구하는 조건들을 충족시키며 이토록 거센 바람을 일으키고 있는 것일까.

옛날 하고도 아주 먼 옛날, 그 시절에도 남성과 여성의 역할 구분은 분명 존재했다. 그중에서도 남자들의 공통적인 특징은 힘을 필요로 하는 가족 부양을 우선시했다는 점이다. 그렇다 보니 당시 남자들이 가장 자주 입에 올리는 말 중 하나가 "나 사냥 다녀올게"였다.

남자들은 돌과 창 등 묵직한 사냥 도구를 집어 들고 동료들과 함께 늠름하게 길을 나선다. 처음에는 집 주변의 동물들을 사냥하는 것만으로도 가족들을 먹여 살리는 일이 가능했다. 지금처럼 서로 간의 경쟁이 치열하지 않았기 때문이다. 하지만 제한된 자원이 줄어들자 머지않아 부익부 빈익빈 현상이 나타나기 시작했다. 그러자 그들은 방법을 강구한 끝에 먼 곳까지, 다시 말해 원정 사냥을 나가기에 이른다. 하지만 거기에는 문제점이 따랐다. 멀리까지 가서 사냥을 한 다음 어떻게 무사히 집으로 돌아가느냐 하는 점이었다.

"표식을 남기자."

"가는 곳곳마다 우리의 흔적을 뿌려 놓자."

의견이 분분한 가운데 남자들은 실제로 흔적을 남겨 놓음으로써 집으로 무사귀환할 수 있었다. 대체로 수컷이라는 족속들에게는 지금까지도 자신만의 분비물과 흔적으로 자아의 정체성을 확립하고 존속하려는 경향이 남아 있다.

길 떠나는 남자들

어쨌든 그들은 사냥을 떠났다. 오늘날 대부분의 남자들이 좋든 싫든 생계를 꾸려가기 위해 아침이면 무거운 몸을 일으켜 자신만의 일터로 나가듯이.

세차게 비가 내리고 바람도 사납다. 아무래도 날씨가 심상찮다. 태풍이 몰려올 모양이다. 그렇다고 사냥을 멈출 수는 없다. 식량을 기다리고 있을 자식과 아내의 얼굴이 눈앞에 아른거린다. 그들의 선택은 오직 먹잇감을 향한 전진뿐이다.

드디어 목표물이 나타났다. 조심조심! 절대 놓쳐서는 안 된다! 그들은 재빨리 낮게 엎드려 뱀처럼 물결을 타듯 리드미컬하게 팔과 다리를 움직여 목표물 가까이로 접근한다. 그러고는 적당한 위치에 매복해 때를 기다린다. 기회를 엿보는 것이다. 타깃이 정해진 만큼 타이밍이 중요하다. 이어서 역할 분담의 논쟁이 시작된다.

"우가우가는 퇴로를 차단하고 뒤에서부터 소리를 지르며 나갈 거야."

"붕가붕가는 용감하니까 맨 앞으로 이동해서 미리 길을 막을게."

"징가징가는 옆으로 이동해 있다가 공격을 하겠어."

서로 자신의 역할을 강력하게 주장하는 통에 시간이 지체되었지만, 어쨌든 신호에 맞춰 동시에 "아싸라비야!" 하고 소리를 지르는 것으로 작전이 시작된다. 결과는 성공이다. 그들은 자신들의 작전이 성공했다는 데 꽤나 우월감을 느낀 나머지 자축연을 벌이고는 역할이 컸던 순서, 다시 말해 기여도에 따라 사냥감을 나눈다. 지금도 그렇듯이 힘의

16

우위에 따라 차이가 존재했던 것이다.

성과가 컸던 만큼 기세가 등등해진 그들은 휘파람과 함께 승리의 노래를 부르며 집으로 향한다. 미리 남겨 놓은 자신들만의 흔적을 따라 의기양양하게 '컴백 홈'을 하는 것이다.

남성들의 이 같은 본능을 몇 가지로 정리해 살펴보자.

첫째는 목표물을 향한 공격 본능이다. 남성을 표시하는 '♂'의 의미를 아는가? 이는 그리스 신화에 등장하는 전쟁의 신 아레스와 관련한 것으로 창과 방패를 뜻한다. 사냥감을 정하고 그 목표물과의 전투를 통해 생사가 엇갈리는 이런 생존 본능은 후대 남자들의 유전자에 그대로 남아 있다. 그래서 남성들은 목표 달성에 목숨을 걸며 그 결과를 통해 경쟁자와 여성을 상대로 우월감을 드러낸다.

둘째는 작전상 팀을 이루려는 본능이다. 물론 혼자서도 사냥이 불가능한 것은 아니지만 남자들은 매머드와 같은 큰 먹잇감을 목표물로 정할 경우 업무 분담을 통한 협업 시스템이 이뤄져야만 가능하다고 생각한다. 이런 본능은 오늘날 성과를 위한 자본주의 사회의 분업 시스템과 병영 문화 등의 예로 발전했다.

셋째는 회귀본능이다. 결혼한 여성들이 남편에 대해 말할 때 공통적으로 이야기하는 부분이 있다.

"우리 남편은 술이 떡이 되어 새벽에 들어오면서도 집 하나는 기가 막히게 찾아온다니까요. 신기하지 않아요?"

그렇다. 이는 흔하지 않은 진리 중 하나다. 나의 경험을 통해서도 분명히 확인할 수 있다. 2차, 3차까지 이어진 술자리로 필름이 끊어져도 아침에 일어나 주변을 둘러보면 분명 우리 집 안방이다. 이는 멀리까지 사냥을 떠났다가도 어떻게든 집으로 돌아오는 수컷들의 본능이자 학습된 행위에서 비롯된 결과다.

남아 있는 여자들

바깥으로 혹은 멀리까지 사냥을 나간 남자들과 달리 집에 남은 여자들의 역할은 무엇이었을까? 일차적으로는 종족 번식을 위해 아기를 출산하고 키우는 일이었다. 당시에는 모두 모여 함께 생활하던 때라 누가 누구의 자식인지 구분하기 어려웠지만, 그녀들은 신이 하사한 모성 본능에 따라 무조건 아이는 잘 키워야 한다는 의식을 충실하게 따랐다. 하지만 양육이 어디 말처럼 쉬운 일인가. 게다가 말을 못하는 아기들의 속을 알아차리기란 더더욱 어려운 일이다.

"아가야, 엄마 해봐, 엄마."

아무리 애를 써도 아이들은 멀뚱멀뚱 허공을 바라보며 딴 짓을 하다가 이내 울음을 터뜨리기 일쑤다.

"울지 마, 울지 말라니까!"

더군다나 처음 아이를 출산한 새내기 엄마는 경험이 없다 보니 어쩔 줄을 몰라 쩔쩔맨다. 그러다 주변의 친구나 가족, 선배들의 도움과 조언에 힘입어 겨우겨우 아이를 재운다. 그렇게 하나둘 학습이 시작된다.

'왜 아이가 우는가?(고객들은 왜 클레임을 제기하는가?)' '어떨 때 우는 가?(어떤 상황에서 클레임을 제기하는가?)' '무엇이 불편한가?(어떤 불편 사항 이 있는가?)' '어떻게 하면 아이를 편안하게 재울 수 있는가?(어떻게 하면 최상으로 고객을 만족시킬 수 있는가?)' '아이와 함께 재미있게 놀 수 있는 방 법은 무엇인가?(충성 고객 창출과 '펀fun' 리더십을 적용할 방법은 무엇인가?)'. 엄마들은 양육을 위해 고민하며 아이의 성격과 숨겨진 탤런트를 찾아 내기 위해 다양한 방법을 동원한다.

"아가야, 도리도리!"

"맘마 해봐, 맘마!"

"우루루르르, 까꿍!"

그러면서도 남자들처럼 입력한 결과가 즉각적으로 나타나지 않는다 고 조급해하지 않는다.

'자신의 자극에 별다른 행동을 보이지 않더라도(고객의 무반응이 이어 지더라도)' '옹알이가 늦더라도(고객 반응의 횟수가 적더라도)' '말문이 늦게 터지더라도(긍정적 회신이 더디더라도)' '걷는 게 시원찮더라도(구매 의사가 보이지 않더라도)'. 엄마들은 아이가 자신이 원하는 반응을 보일 때까지 기다리고 기다리면서 상대방에게 끊임없이 자극을 전달하는 시도를 멈추지 않는다. 몇십 번이든 몇백 번이든.

물론 어떤 남자들은 이를 '잔소리'라고 치부하기도 하지만 경험을 통 해 반복적으로 학습된 이 같은 본능은 치열한 현대 비즈니스 사회에서 매우 유용하다. 그 예를 몇 가지 들어 보자.

첫째, 고객이 '오케이' 할 때까지 기다린다. 어릴 적 곱상하게 생긴 여인네가 희한한 가방 하나를 들고 우리 집을 방문한 적이 있다. 그녀는 모양도 야릇하고 어디에 쓰임도 알 수 없는 향기 나는 유리병들을 꺼내 놓고 일장 연설을 늘어놓곤 했다. 나는 좀더 커서야 그 여인네가 '동동구리무'를 파는 화장품 판매원이었다는 사실을 알았다. 내 인생에서 처음으로 세일즈우먼을 마주한 순간이다. 그 다음으로 보게 된 것이 여름 땡볕에 무거운 가방을 메고 가가호호 누비며 음료를 판매하는 야쿠르트 아줌마였다. 어린 눈에도 그녀들을 대할 때면 굳센 생명력이 느껴져 대단해 보이곤 했다.

보험 설계를 비롯한 세일즈 업계는 대부분 여성들이 주류를 이룬다. 물론 지금이야 남성들의 진출이 많아지긴 했지만 그래도 아직까지는 여성들이 대세다. 그녀들은 아기를 키워 본 유경험자들만의 노하우를 바탕으로 고객이 옹알이를 할 때까지, 까르르 웃어젖힐 때까지, '맘마'라고 외치며 계약서에 사인을 할 때까지 기다리고 기다리고 또 기다리기를 마다하지 않는다.

둘째, 수용과 공감으로 무장한다. 산전수전 공중전까지 겪은 고객들은 온갖 클레임을 양산해 낸다.

"지난번 캔디를 구입했을 때는 마흔세 개가 들어 있었는데 이번에 구입한 캔디는 왜 마흔두 개밖에 안 들어 있죠? 윤리경영을 표방한다는 곳에서 이런 식으로 상품을 팔아도 되는 건가요?"

"보상 체계를 명확하게 해준다고 하더니 왜 경쟁사보다 떨어지죠? 광고만 번지르르하게 하면 뭐해요! 이런 식으로 판매하면 곤란하죠!"

"저한테는 안 맞는 상품이네요. 바로 환불해 주세요!"

"안 산다고요, 안 사!"

이 같은 일들이 하루에도 수차례 반복되지만 여성들은 남성들처럼 감정적이거나 화를 내지 않는다. 아기를 양육하며 터득한 숙련된 노하우로 적절한 공감의 제스처를 취한다.

"아! 그러셨군요, 고객님!"

"불편을 끼쳐 드려 죄송합니다!"

"빠른 시간 내에 조치하도록 하겠습니다!"

"이 제품이 마음에 안 드신단 말씀이시죠? 알겠습니다!"

일단 이렇게 수용한 다음 신뢰감 형성을 위해 전방위적인 노력을 기울인다.

"고객사 이사장님께서 약주를 좋아하시는데, 이번 해외여행 때 면세점에서 코냑 선물을 해드리는 건 어떨까요?"

"김 부장님 자제분이 올해 고3이죠? 작으나마 수능 합격을 기원하는 떡을 좀 보냈습니다."

"이 대리! 돌아오는 금요일이 결혼기념일이지? 축하해! 장미하고 케이크 하나 준비했어."

이러한 여성의 섬세함은 실제로 기업에서 주목받고 있다. 2012년 한 해 1,000만 달러의 수출액을 기록한 S&J 기업은 본사 주력 업무를 모두 여성들이 맡고 있다고 한다. 이는 주문을 받고 수출하는 과정에서 남성보다 여성의 특성이 훨씬 더 긍정적으로 작용한다는 회장의 지론에서 비롯됐다. 그의 말을 들어 보자.

"무역은 오더 확보부터 생산 관리, 선적, 대금 회수, 클레임 관리,

판매 점검 등 챙겨야 할 일들이 무척 많아 여성들의 섬세함이 강점으로 작용합니다."

시바타 마사하루, 가네다 히데하루가 쓴 『도요타 최강 경영』에서는 세계 자동차 업계를 리딩해온 도요타 경쟁력의 원천을 다음과 같이 소개한다. 도요타 사람들과 마주 앉아 대화를 나눈 부품 업체 사장과 부사장급 간부들은 이구동성으로 이렇게 말한다.

"도요타 사람들은 다른 회사 사람들과 전혀 다릅니다. 인종이 다른 것은 아닌가 하는 생각이 들 정도로 너무 달라서 매우 놀랐습니다."

도대체 어떤 점이 그렇게 다른지 그 특징을 물었더니 우연하게도 다음 세 가지 부분에서 의견이 일치했다.

첫째, 설명할 때 이야기를 아주 열심히 듣는다.

둘째, 설명 내용에 깊은 관심을 기울이며 질문을 하거나 여러 가지 의견을 제시한다.

셋째, "아주 좋은 주제 같으니 확실하게 물건을 만들어 봅시다"라며 격려를 아끼지 않는다. 세 가지 공통점의 요소들을 들여다보노라면 그것이 육아를 통해 경험한 여성의 특징과 아주 흡사하다는 점을 발견할 수 있다. 여자의 목소리가 점점 커지고 사회 전반적으로 여성의 지위와 위상이 올라가고 있다. 과연 이 시대는 여성이 가진 특성을 더 원하는 것일까?

2
동굴로 들어가는 남자
옆집으로 놀러 가는 여자

'바운더리Boundary'는 경계, 범위, 영역의 의미를 가지고 있다. 우리가 살아가는 세상은 자신의 경계 지역을 얼마나 확장하느냐에 따라 영향력이 증대되는 곳이다. 한마디로 땅따먹기 싸움이라고나 할까.

오늘 전투의 시작은 아침 손 씨의 출근길에서 시작된다. 매일 반복되는 힘겨운 교통 체증.

'도대체 대한민국 교통 정책은 발전이 없어, 발전이. 아, 저 아줌마는 뭐야? 바빠 죽겠는데, 집에서 텔레비전이나 보지 왜 차는 끌고 나와 난리야!'

툴툴거리는 와중에 옆 차선의 차 한 대가 깜빡이를 켜고 끼어들기를 시도한다.

'간이 부으셨군. 어디 너만 바쁘냐? 나도 바쁘다!'

손 씨는 양보라는 미덕과는 거리가 먼 사람처럼 부릉부릉 하며 앞차와의 간격을 바짝 좁힌다. 깜박이를 켜고 들이밀던 옆 차가 기회를 잡지 못하고 밀려난다. 그러자 그는 알 수 없는 쾌감에 휩싸인다.

많은 여성들이 웬만하면 명품에 목을 매는 것처럼 대부분의 남성들은 자동차에 목숨을 건다. 최근 20대 남성들이 집은 없어도 자동차는 있어야 한다고 말하는 것에서도 알 수 있듯이, 남자들은 자동차와 자신을 동일시하는 경향이 있다. 이런 현상은 고등학교를 졸업하자마자 여성은 성형외과로, 남성은 운전면허 시험장으로 달려가는 모습을 통해서도 충분히 짐작할 수 있다.

원하는 차를 소유하면 남자들은 애인이라도 되는 양 자동차에 온갖 정성을 쏟는다. 막상 자신이 살고 있는 집보다 더 큰 애정으로 닦고 조이고 기름 치고 튜닝을 하느라 많은 시간과 돈을 투자한다. 그렇기에 그런 자신의 차량에 누군가가 접근을 시도하기라도 하면 이보다 더 큰 일이 없다는 듯 방어 태세를 갖추는 것이다.

여성처럼 너그러움이 없어서일까. 아니면 이해심이 없어서일까. 둘 다 아니다. 그 이유는 오직 자신의 바운더리를 지키려는 남자들의 본능 때문이다. 그들은 내 것, 내 공간, 내 물건, 내 여자 등 본능적으로 자신의 것에 강한 소유욕을 가지고 있다. 그래서 집과 직장에서 누리지 못하는 특권을, 나만의 자유롭고 절대적인 공간인 '내 차'에서 담배도 피우고 소리도 지르고 음악도 크게 트는 등의 행위를 하는 것이다.

그러다가 자신의 고유 영역인 그 소중한 공간에 다른 경쟁자가 들이대기라도 하면, 이는 곧 자신의 영역을 침범하는 행위로 인지해 자존심을 걸고 방어 태세에 돌입하는 것이다. 그것이 인생의 정답인 양.

쇼핑에 임하는 남녀의 자세

계절이 바뀌어 성큼 가을이 다가오자 박 씨는 모처럼 아내에게 점수를 따기 위해 옷 한 벌을 사 주기로 했다. 그래서 일요일 큰맘 먹고 부부가 함께 외출을 했다. 남편 노릇 톡톡히 해보겠다는 굳은 결심을 품고.

"여보, 맘에 드는 옷 있는지 천천히 골라 봐."

박 씨는 오늘만큼은 군말 없이 잘 따라다니리라고 작정한다. 덕택에 아내는 콧노래가 나올 정도로 신이 났다. 그러면서도 남편의 느닷없는 행동이 좀 의아하다.

'이 사람이 웬일이야? 내일은 해가 서쪽에서 뜨겠네.'

두 시간쯤 지날 무렵 슬슬 다리가 아파 오자 박 씨의 본능이 되살아나기 시작한다. 답답함과 함께 조급증이 일었다. 남편의 그런 심기를 아는지 모르는지 아내는 한술 더 뜬다.

"맘에 드는 게 없네. 건너편에 있는 다른 백화점 가서 조금 더 보자."

남편의 입장에서는 도저히 이해할 수 없는 상황이다. 이곳에서 끝장을 보면 되지 왜 또 다른 곳엘 간다는 것인지. 미치고 팔짝 뛸 노릇이다. 아무리 작정하고 따라 나오긴 했지만 그래도 그렇지 해도 너무한다 싶다.

'이 넓은 매장 가득 널린 게 옷인데 맘에 드는 게 없다고? 오 마이 갓!'

박 씨는 이 난국을 어찌해야 할지 몰라 이를 앙다문다.

'그래! 이왕지사 오늘 하루 희생하기로 했으니 바다같이 깊고 넓은 마음으로 참아 보자!'

다른 백화점으로 이동해 그곳에서도 아내의 옷 고르는 작업은 계속됐다. 그런데 이런, 또 다른 난국에 부딪치고 말았다. 남편의 인내심과 무관하게 아내는 매장 여직원들과 한바탕 수다를 떨고 있는 게 아닌가.

'아니 저 사람이 정신이 있는 거야, 없는 거야!'

욱 하고 화가 치밀어 오르는 것을 억누르며 박 씨가 연방 시계를 바라본다.

'옷을 사러 왔으면 옷만 살 것이지 도대체 뭐하는 짓이야! 하여튼 여자들이란.'

남편의 한계는 드디어 팔부능선을 넘나들기 시작한다.

'참아야 하느니라. 참아야 해.'

어금니를 깨물어 보지만 한계는 딱 거기까지이다. 아내의 한마디 덕분이다.

"여보, 돌아다녀 봐도 그게 그거네. 다음 세일할 때 다시 와야겠어."

박 씨는 과연 어떤 반응을 보였을까?

남성과 여성의 특성을 설명할 때 이처럼 쇼핑 상황을 예로 드는 경우가 많다. 내친김에 이 씨와 그의 아내의 쇼핑을 예로 들어 좀더 자세히 살펴보자.

남편 이 씨는 벼르고 벼르다 드디어 골프채를 바꾸기로 마음먹었다. 그는 주변 사람들의 조언과 품질, 가격 등 여러 정보를 사전 수집해 비교 분석한 후 백화점 내 스포츠용품점으로 향한다. 그는 다른 매장은 아예 거들떠보지도 않는다. 가전제품 매장에 전시되어 있는 평소 갖고 싶었던 태블릿 PC도 그냥 지나친다. 오늘 쇼핑 목적은 오로지 골프채 이므로 온통 마음이 그곳에만 가 있다. 드디어 매장에 도착한 그는 자신이 원하는 제품을 상세하게 이야기한다. 드디어 점원이 들고 온 제품을 보자 가슴이 뛴다. 점원의 이런저런 설명을 듣고 난 이 씨는 자신의 결정에 확신이 섰고 곧바로 제품을 구입하겠다는 의사를 밝힌다. 그의 선택에서 구입까지의 동선은 심플하고 간단명료하다. 군더더기라고는 하나도 없이. 그래서인지 남성들은 여성과 비교해 자신들의 이런 행위에 꽤나 우월감을 갖는다.

반면 그의 아내는 신상 스커트를 사기 위해 백화점 세일을 기다렸다. 덕분에 며칠 전부터 기분이 들떠 있었고 아침을 먹지 않아도 배가 불렀다. 아내 역시 카탈로그 등을 통해 관련 정보를 입수하며 비교 분석의 과정을 거쳤다.

드디어 백화점으로 향하는 날. 룰루랄라 현관문을 나서는 그녀의 등 뒤에 대고 남편 이 씨가 매번 하는 말을 던진다.

"몇 시까지 들어올 거야?"

아내는 귀찮다는 듯 대충 얼버무리고는 얼른 집을 나선다. 몇 시가 될지 자신도 장담할 수 없기 때문이다. 그나마 남편이 함께 가지 않는 것만으로도 다행이다 싶다. 대개의 경우 남편은 조금만 시간이 지체되어도 불같이 화를 내기 때문이다. 실제로 남자가 여자의 쇼핑에 동행했을 때 느끼는 스트레스 강도는 119 소방관이 불을 끌 때의 강도와 비슷하다는 연구 결과도 있다. 그만큼 남자는 하나의 대상에 집중하는 자신들과 달라도 너무 다른 여자들의 쇼핑 패턴을 이해하지 못한다.

어쨌든 아내는 오늘 자유롭게 쇼핑을 즐기리라 마음먹는다. 아내의 쇼핑에서 눈여겨 볼 점은, 중요한 결정 사항이나 방향을 선택할 때 고립무원의 상태에 있으려는 남자들의 경향과 달리, 지속적으로 자신의 주변을 탐색하고 접촉하려는 경향이 있다는 점이다.

이는 오랜 옛날 고대 인류가 동굴 속에서 함께 거주할 시 본능적인 생존 법칙에서 터득한 인고의 산물이다. 누구의 씨앗인지도 모를 아기를 품에 안고 적일지 아군일지 모를 수많은 여인들과 공존하려면 자신만의 것을 고집할 수는 없었으리라. 적대적인 관계에서도 먼저 인사를 건네야 했고 다툼과 갈등이 있더라도 화해의 제스처를 취하며 끊임없는 영역 확장을 통해 자신의 세력을 확보해야 했던 것이다. 이것이 오늘날의 리더십에서 말하는 파트너십이다.

아내는 목표물 쟁취에 나서기 전 먼저 주린 배를 채우기 위해 백화점 지하 1층 식품 매장으로 향한다. 고소한 냄새와 함께 떡볶이, 어묵, 튀김을 비롯해 여러 시식 코너가 즐비하다. 다이어트 중이지만 일단 먹음직스러워 보이는 군만두 판매대 앞에 선다. 판매원과 스스럼없이 농담도 나눈다. 남자가 낯선 이와 동화되는 시간이 긴 것과 달리 여자들은 처음 본 사람과도 자연스럽게 대화를 이어간다.

"이번에 새로 나온 제품인데 드셔 보세요. 프라이팬에 구워도 눌러 붙지 않고 아주 맛깔스러워요."

입에 한번 넣어 오물오물 씹어 보니 맛이 꽤 괜찮다. 아들이 좋아할 것 같아 살까말까 망설이던 그녀는 '1+1'이라는 설명에 재깍 하나를 집어 든다. 어느 정도 허기를 채운 아내는 에스컬레이터에 오른다. 가급적 1층에는 들리지 않으려고 하지만 향수와 탐나는 명품들이 여심을 유혹한다.

'지난번 동창회 때 미정이가 들고 왔던 가방이 루이비통이었지?'

자꾸만 그때의 빨간색 가방이 눈에 밟혀 아내는 머뭇거리기를 반복한다. 그제야 아이들 과외비부터 해서 이번 달 지출이 너무 많다는 생각이 든다. 아내는 2층으로 향한다. 한 판매대에서 무언가를 싸게 팔고 있다. 이게 웬 떡인가 싶어 아내는 사람들 사이를 비집고 엉덩이를 들이민다. 이월상품이지만 의외로 물건이 괜찮다. 주섬주섬 고르다 보니 어느새 한 보따리가 됐다. 그때 건너편 아파트에 사는 아는 아줌마와 맞닥뜨린다.

"어머! 오랜만이에요."

"아니 이게 누구야! 어머 피부 좀 봐. 보톡스 맞았나 보네. 아니면 명품 화장품을 쓰나?"

칭찬은 고래도 춤추게 한다더니, 립 서비스라는 걸 알면서도 기분이 좋아진 아내는 그냥 헤어지지 못하고 전망 좋은 커피숍으로 향한다. 카푸치노를 마시며 두 사람이 이런저런 세상 이야기에 빠져 있는 동안 시간이 쏜살같이 흐른다.

아내는 서둘러 목표물이 있는 층으로 향한다. 하지만 거기서도 아내는 여전히 이리 기웃, 저리 기웃거리며 매장을 탐색한다. 언제 어느 때 사게 될지 모르니 그때를 대비해 샅샅이 탐색을 해두는 것이다. 몇 번을 점원에게 묻고 또 물은 끝에 아내가 드디어 결정을 했다. 무이자가 적용되는 카드를 꺼내 3개월 할부로 결제하고 뿌듯한 마음으로 집으로 향한다. 원래 사고자 한 물건 외의 것들에 지출이 많긴 했지만 정가보다 싸게 샀다는 생각에 기분이 좋다.

아내의 기분과 달리 집 안 분위기는 심각하다. 오전 11시쯤 나가 늦은 저녁이 되도록 아내가 돌아오지 않자 아무것도 할 줄 모르는 남편과 아이들이 중국집에 음식을 시켜먹고는 하염없이 텔레비전만 보고 있었던 것이다. 남편이 잔뜩 부은 표정으로 볼멘소리를 내뱉는다.

"지금이 몇 신 줄이나 알아? 애들 밥은 제때 챙겨 줘야 할 거 아니야! 도대체 옷 하나 사러가서 어딜 그렇게 쏘다니다 오냐고!"

미안한 마음이 없었던 건 아니지만 남편의 닦달에 아내는 그만 속이 상하고 만다.

'자주 그런 것도 아니고 오랜만에 벼르고 별렀던 옷 하나 사들고 와서 한창 기분 좋아 있는데, 공감은 못해 줄망정 찬물을 끼얹다니.'

하지만 사들고 온 옷을 입고 거울 앞에 서자 아내의 기분이 다시 좋아진다.

영역 관리의 필요성

남자들은 오랜 세월 동안 자신의 특성을 살린 조직생활을 통해 빠른 업무처리 등 유용한 재능의 꽃을 피워 왔다. 하지만 경계를 넘는 통섭 등의 바람이 불자 사회는 고정화된 업무 탈피와 사업 영역 파괴를 넘나드는 보다 업그레이드된 능력을 요구하기 시작했다.

직장생활 경력이 어느 정도 지나고 나면 동일한 출발선상에서 시작한 입사 동기들과 슬슬 비교가 시작된다. 어떤 이는 쾌속 승진을 하는 반면 어떤 이는 제자리걸음을 하기에도 숨이 턱에 찬다.

'도대체 내가 저 녀석보다 못한 이유가 뭘까? 일은 내가 더 열심히 하는 것 같은데 말이야.'

종종 일을 잘해서 팀장으로 승진되었다가도 기대와는 다르게 무능한 팀장으로 전락하고 마는 경우도 있다. 이유가 뭘까. 간단하다. 한마디로 말하면 하부직급은 자신의 일만 잘하면 되지만, 팀장은 주어진 여건과 환경을 잘 관리해야 하기 때문이다. 즉, 내 것만이 아닌 주변의 바운더리를 관리하며 성장시키고 확장시켜 나가야 하는 임무가 뒤따르는 것이다.

똥개도 제 집 앞에서는 50점은 먹고 들어간다고 하지 않는가. 그런데 중요한 것은 그 점수를 관리하기 위해서는 똥개도 날마다 집 지키기와 영역 표시를 게을리 하지 않는다는 것이다. 이른 아침이면 동네 한 바퀴 도는 것을 시작으로 곳곳의 전봇대마다 소변을 흘림으로써 확고히 자신의 영역을 표시한다. 어디 그뿐인가. 경쟁자의 침입이라도 있을 시에는 자신이 가진 최대의 역량을 발휘해 으르렁 거리며 물리친다. 심지어는 자신의 세력 확장을 위해 원정 경기도 기꺼이 감수한다.

동굴 속 고독한 남성들

오늘도 우리의 김 여사는 오지랖이 넓다는 핀잔에도 불구하고 영역 확장을 위해 발품을 팔고 있다. 반면 함께 동고동락하는 우리의 이 씨는 무얼 하고 있을까? 회사 창립기념일을 맞아 출근을 하지 않아도 되는 그는 느긋하게 평일 휴무의 향연을 만끽하려 했으나, 웬걸 오늘따라 더 일찍 눈이 떠졌다. 공짜로 주어진 이 황금 같은 시간을 어떻게 써야 할지 고민하다 일단 모임이 있다는 아내를 배웅하고 아이들을 학교까지 태워다 주기로 했다. 그런데 생각지도 않은 일이 벌어졌다. 자신을 바라보는 주변 사람들의 눈길이 예사롭지 않다. 마치 직장을 잃고 하릴없이 돌아다니는 백수건달로 보는 것만 같다. 서둘러 안전지대인 집으로 돌아왔지만 왠지 기분이 찜찜하다. 거기에 개수대에 가득 쌓여 있는 설거지거리들. 아내를 기쁘게 해주려고 오랜만에 청소기라도 돌릴까 하다 그만둔다.

'쉬는 날인데 내가 뭐하는 짓이람.'

이 씨는 다시 침대로 몸을 날려 늦잠을 만끽한다. 이렇게 오래오래 쉬어 봤으면 하다가 문득 눈을 뜨니 10시. 일어나 컴퓨터를 켜고 인터넷 검색을 하다가 늦은 아침을 먹는다. 이젠 할 일이 없다.

'뭘 하지? 뭘 할까?'

케이블에서 해주는 영화를 보다가 이내 그것도 시들해진다. 문득 여자들은 집안일을 끝낸 뒤 무엇을 하며 시간을 보낼까 하는 의문이 든다.

점심시간이 훌쩍 넘어가자 다시 배꼽시계가 신호를 보낸다. 간편하게 라면을 끓여 먹기로 한다. 라면엔 역시 달걀이 들어가야지 하며 냉장고를 연다. 그런데 대체 달걀이 어디 있단 말이냐! 아내에게 전화를 걸어 물을 수도 없고, 이 씨는 할 수 없이 마트에 가서 사오기로 하고 트레이닝 차림에 슬리퍼를 끌고 밖으로 향한다. 그때 세탁소에 양복 맡기는 게 생각나 그는 다시 집으로 들어가 옷가지를 들고 나온다. 엘리베이터를 타자 웬 아주머니가 인사를 건넨다. 그런데 누군지 도무지 생각이 나지 않는다.

'어떡하지? 아는 체를 해야 하나, 말아야 하나. 아, 엘리베이터가 오늘따라 왜 이렇게 느려 터져.'

두근거리는 가슴을 진정하고 겸연쩍은 표정으로 도망치다시피 엘리베이터를 빠져 나온 그는 동네 세탁소로 향한다. 사장이 밝게 인사를 한다. 그러면서도 밝은 대낮에 양복을 들고 온 자신을 영 이상하게 보는 눈치다. 그는 또다시 서둘러 세탁소를 나온다.

그러고는 마트에 들려 달걀을 산다. 판매원이 포인트 적립을 위해 전화번호를 묻는다. 순간 아내의 전화번호가 떠오르지 않는다. 포인트 적립은 필요없다며 그냥 계산을 끝내고 나와 문득 도시의 풍경을 바라보니 어색하기만 하다. 거리에 지나다니는 사람들을 보니 태반이 여성들이다. 그녀들의 시선이 모두 자신에게로 향하는 것만 같아 그는 얼른 고개를 숙인다. 움츠러드는 마음도 그렇지만 도대체 아는 사람이 없으니 이야기를 나눌 수도 없고, 그렇다고 먼저 인사를 건네자니 쑥스럽고. 그렇게 예상치 않은 휴일이 속절없이 흘러만 간다.

아파트 방구석에 고독하게 누운 이 씨. 그는 평소 모르는 이와도 아무렇지 않게 대화를 나누고 웃음을 나누는 자신의 아내가 새삼 부럽기만 하다.

3
새침한 고양이 같던 부인이
무서운 호랑이가 됐다면?

토요일 오후, 조 팀장이 한가로이 소파에 누워 간밤의 숙취를 풀고 있다. 그때 인터폰이 울렸다.

"우편물 왔습니다!"

봉투를 열어 보니 내용물에는 다음과 같은 제목이 적혀 있다.

'국민연금 가입 내역 안내서'

그랬다. 오랜 세월 샐러리맨의 월급에서 한 푼, 두 푼 빠져나간 피 같은 돈이 쌓인 결정체의 내역이 날아 온 것이다. 거기에는 이런 문구도 적혀 있었다.

'고객님의 예상 연금은 현재 연금 보험료로 만 60세까지 240개월 납부했을 때를 기준으로 계산했습니다. 연금은 만 64세에 신청해 다음 달 25일부터 매월 받게 됩니다.'

더불어 '40~50대는 자녀 교육비 마련과 은퇴 이후를 준비하는 시기로 각각의 재무 목표 달성을 위한 구체적인 계획 수립과 균형적인 실천 의지가 요구됩니다'라는 친절한 설명이 함께 적혀 있었다.

내용물을 들여다보는 조 팀장의 표정이 잠시 일그러진다.

'그렇구나. 나도 언젠가는 아버지처럼 연금을 받는 그런 나이가 오는 거네. 그런데 그때가 언제라고? 만 60세라. 법적 정년이 55세인데 그러면 퇴직 후 5년 동안 무슨 일을 해야 하지? 거기다 지금 다니고 있는 이 직장에서 정년까지 버틸 가능성은 얼마나 될까?'

그의 머릿속에 여러 생각이 교차했다. 그러자 갑자기 서글퍼졌다. 옆에서 지켜보던 눈치 8단 아내가 입을 뗀다.

"무슨 일 있어요?"

그래도 조 팀장은 씩씩하다.

"일은 무슨 일! 저녁이나 차려. 애들 배고프겠다."

월요일 아침. 서슬 퍼런 월 판매 마감회의가 끝나고 동료가 조 팀장에게 한마디 건넨다.

"조 팀장, 오늘 왜 그래? 실적 안 좋다고 풀 죽을 당신이 아닌데. 퇴근 후 소주 한잔 할까?"

조 팀장은 대답 대신 쓴웃음을 지으며 데드라인이 언제일지 모를 자신의 자리로 돌아간다. 평소 짧고 굵게 살자는 신념을 고집했던 그였지만 과연 나다운 게 무엇일까라는 자조의 멘트가 문득 떠오르자 그는 다이어리를 펴고 뭔가를 적었다.

'가늘고 길게 살자'

여성의 생존력이 강한 이유

부부동반으로 해외여행을 갔다 온 어느 노부부의 후일담이다.

남편 비행기 타는 것도 힘들지, 거기다 버스 타고 계속해서 이동하니 허리도 아프지, 다리는 또 얼마나 아픈지 고생이야, 고생! 재미도 하나도 없어. 다시는 내가 해외로 나가나 봐라.
아내 좋은 거 많이 보다 보니 내가 왜 진작 밖으로 안 다녔나 싶어. 세상 사는 재미가 새록새록 나는 거 있지.

평생을 함께 살았는데도 이렇게 의견이 다른 이유는 무엇일까. 그리고 살아온 연륜이 깊을수록 남녀 간의 느낌의 강도가 더욱더 차이 나는 이유는 무엇일까?

'100세 신인류시대'를 맞이하기 위해서는 사전 준비가 필요하다는 특집 기사가 연일 신문에 실리고 있다. 생각해 보니 현재 한국 여성의 평균 수명이 82.4세, 남성이 75.7세라는 기사를 본 적이 있다. 6년 정도를 여성이 더 오래 산다는 이야기이다. 어쩌면 남성이 하나에 집착하는 경향이 있는 반면 여성은 그 환경에 매몰되지 않고 또 다른 현실적인 요소를 찾는 경향이 있어서일지도 모른다는 생각이 든다. 그래서인지 일반적으로 희로애락을 함께 한 부부 중 한쪽이 먼저 세상을 떠나면 여성들은 처한 상황에 빨리 적응해 살아가는 반면 남성들은 그렇지 못하다. 아내가 먼저 세상을 뜨면 대개의 남자들은 삶의 의미와 존재감을 잃고 그 상실감에 시름시름 앓다가 이내 아내의 뒤를 따른다. 그러나 여성들은 보란 듯이 꿋꿋하게 살다가, 아직은 흔치 않은 경우이긴 하지만 황혼 재혼으로 이어지기도 한다. 여성이 이처럼 생존력이 강한 이유는 무엇일까. 고령화가 급속히 진행되는 상황에서 여성 파워가 사회의 주축으로 자리 잡아 가는 것도 그 이유 중 하나가 아닐까.

　태초에 신은 자신과 닮은 인간을 만들기 위해 많은 고민을 했다. 그래서 만들어 낸 인간이 바로 아담이다. 이는 곧 모든 이의 아버지라는 뜻이다. 그런데 작품을 만들어 놓고 스스로 감탄에 젖어들 무렵 점점 부족한 점이 눈에 띄기 시작했다.

　'아무래도 손을 좀더 봐야겠어. 역시 첫 시도라서 그런지 뭔가가 부족해.'

　다시 각고의 노력 끝에 좀더 진화된 두 번째 인간을 만들어 냈다. 바로 이브이며, 이는 곧 모든 이의 어머니라는 뜻이다.

　단점들을 보완해서인지 역시 첫 번째보다는 확실히 나아 보였다. 상냥하고 예쁜데다 세심한 마음 씀씀이까지 모든 것이 맘에 들었다. 거기다 여성의 신체는 남성보다 우월했다. 외형적인 골격과 힘에서는 차이가 났지만, 그 안을 들여다보면 생명의 탄생을 가능케 하는 호르몬이며 내장 기관 등 모든 것이 신의 선물로 가득 채워져 있다.

　한 예로 인체는 외부로부터 세균이나 바이러스 등이 침입하면 자동으로 가동되는 내부 방어군 시스템이 형성되어 있다. 바로 백혈구다. 이 백혈구의 힘이 우월하면 적들을 쉽게 물리치고 면역력이 강화되는 반면 그렇지 않은 경우에는 우리 몸의 밸런스, 즉 항상성이 무너지며 질병에 걸리게 된다. 여기에도 등급이 있는데 군대식 용어로 치면 방위 정도의 백혈구와 공수부대 정도의 백혈구로 나눌 수 있다. 둘이 싸우면 성패는 어떻게 될까? 당연히 사기가 충천한 공수부대 백혈구가 이기지 않을까? 성별로 구분하자면 남자는 방위 백혈구에 속하고, 여자는 공수부대 백혈구에 가깝다. 여성이 남성보다 생존력이 강한 이유 중 하나도 이 때문이다.

남자, 그 화려한 날은 가고

출근 전 세안을 끝내고 스킨을 바를 때면 어린 시절 텔레비전에서 봤던 남성 화장품 광고가 종종 떠오른다. 손바닥에 스킨을 덜어 낸 다음 두 손바닥을 스킨이 튀길 정도로 얼굴에 부딪치는 강렬한 액션이었다. 간접 학습을 통해 나는 얼마 전까지만 해도 모든 남자는 그렇게 박력 있게 스킨을 발라야 하는 줄 알았다.

나의 장인어른은 월남 맹호부대 출신으로 용감무쌍한 대한민국 남성상의 표본이다. 거기다 선비의 고장 안동이 고향이다 보니 경상도의 전형적인 가부장적 분위기를 지니고 있다. 처음 아내 집에 인사를 갔을 때 나는 익숙하지 않은 풍경 하나를 접하게 됐다. 가족들이 모여 식사를 하는데 장모님이 부엌에서 따로 상을 차려 혼자 드시는 것이었다. 나도 나름 보수적인 가정에서 자라긴 했지만, 그건 좀 해도 너무한다 싶었다.

장인어른의 기세는 대단했다. 한창 때는 당신 마음에 들지 않으면 밥상도 뒤엎었을 정도였다고 한다. 그런데 그랬던 양반이 이제는 전혀 다른 모습을 연출하신다. 연세가 드셔서인지 아니면 세상의 바뀐 흐름에 적극 호응하셔서인지는 모르겠지만, 장모님이 교회에 나가 온종일 집을 비우는 날에는 혼자 상을 차려 식사도 하시고 설거지도 하신다. 이런 광경을 보면서 변화의 물결에 적응하는 장인어른이 대단해 보이기도 하지만, 한편 나의 서글픈 미래를 보는 듯해 씁쓸하기도 하다.

음양오행으로 볼 때 인간은 음과 양의 두 가지 성질을 동시에 가지고 태어난다. 그중에서도 남자는 태양의 기운인 양(+)의 요소를, 여성은 달의 기운인 음(−)의 요소를 더 많이 품고 있다. 그런 만큼 인생 전반부에는 양의 요소를 가진 남성이 자연히 득세한다. 결혼 초반에 남자가 주도권을 잡는 경향이 많은 것도 다 그 이유다. 하지만 갱년기가 시작되면 이런 우월함의 원천인 테스토스테론 호르몬이 점차 줄어드는 현상이 나타난다. 국어사전에서 '갱년기更年期'라는 용어를 찾아보면, 인체가 성숙기에서 노년기로 접어드는 시기이며(대개 40세에서 50세 사이) 신체의 작용에 여러 가지 장애가 나타나고, 여성의 경우 생식 기능이 없어지며 월경이 정지된다고 한다.

갱년기의 징후가 시작된 봉중기 씨의 아침 출근길을 들여다보자.

전철 안에서 책을 펼치노라니 갑자기 어제까지만 해도 큼지막하게 보이던 글자가 흐릿하다. 당혹감에 눈을 비비고 다시 들여다보지만 마찬가지이다.

40

'무슨 일이지? 어제 과음을 해서 그런가.'

그렇다고 글자가 잘 안 보일 리가 없지 않은가. 한 번도 없었던 일이다. 그러다 혹시나 해서 얼굴을 좀 뒤로 빼고 다시 들여다보자 글자들이 보이는 게 아닌가. 세상에, 남들이 말하는 노안이 그에게도 찾아온 것이다. 어이가 없어 실실 웃음이 나올 지경이다. 노안이라니. 허무한 마음에 휴대전화를 꺼내 전화를 걸려고 하는데, 이건 또 무슨 일인가. 상대방 이름이 떠오르지 않는 것이다. 도대체 오늘 한꺼번에 무슨 일이 벌어지고 있는 것인지 봉중기 씨는 그저 황당할 뿐이다. 더욱 답답한 것은 상대방의 얼굴은 생생하게 떠오르는데 이름만 생각이 안 나는 것이다. 미치고 팔짝 뛸 노릇이다. 죄지은 것도 아닌데 얼굴이 화끈 달아올라 그는 괜히 주위를 돌아본다.

'어쩐다, 급하게 통화를 해야 하는데.'

기억해 내려 안간힘을 써 보지만 소용없다. 하는 수 없이 그는 전화기에 저장되어 있는 사람들의 이름을 하나하나 찾아 내려가기 시작했다. 드디어 찾았다! 그런데 이게 정말 축하할 일이란 말인가! 아직도 마음은 20대인데 벌써 노화의 징후가 나타나다니. 그는 갑자기 울컥하고 만다.

이외에도 남성들에게는 고개를 떨어뜨리게 하는 많은 변화가 일어난다. "남자 아이가!"를 부르짖으며 큰소리 뻥뻥 치던 남성들의 자존심이 서서히 무너지는 시기에 다다른 것이다.

작은 일에도 자꾸 신경이 쓰이고 점점 사소한 것에 목숨을 걸게 된다. 여기저기 눈치를 보고, 조기 명퇴 방지를 위해 가늘고 길게 살기에 사력을 다한다. 할 줄 아는 게 없다 보니 은퇴하면 정작 뭘 하며 살아야 하나 싶어 이리저리 기웃거려 보지만 가슴만 두근거릴 뿐 자신이 서지 않는다. 가수 싸이의 「아버지」란 노래를 듣고 가사가 너무도 와 닿아 가슴이 울컥하지만 누가 볼까 싶어 제대로 울지도 못하고, 자신의 삶이 허무하고 서글프게만 느껴진다.

자신의 키를 훌쩍 넘어버린 자식과 살가운 대화를 시도해 보지만 버스는 이미 지나간 지 오래다. 내가 누구 때문에 이렇게 뼈 빠지게 희생했는데 하며 원망도 해보지만 소용없는 짓이다. 답답한 마음에 한잔 들이키고 들어와 입지를 굳히기 위해 호기 있게 꽥꽥 소리도 질러 보지만 대답 없는 메아리일 뿐이다. 이제는 아예 상대조차 하지 않는 아내의 벼락같은 한마디에 깨갱 하고 꼬리를 내린다. 그러다 심신이 피곤해 좀 쉬려고 누우면 집에만 있지 말고 제발 좀 나가라고 등을 떠미는 아내의 성화에 주섬주섬 옷을 챙겨 입는다.

평소에 면박만 주고 함께 시간을 나누지 못한 게 미안해 이제라도 좀 같이 여행도 하고, 근사한 곳에서 식사도 하고, 분위기 있는 음악에 좋은 와인이라도 한잔 하고 싶은데 무슨 용무가 그리 많은지 아내는 대통령보다 바쁘고, 이야기를 꺼내도 시큰둥한 반응을 보일 뿐이다.

남자들은 이제야 철이 들어 달라지려고 애를 쓰는데 대체 여자들은 왜 남편을 소 닭 보듯 하는 걸까?

여자, 드디어 꽃을 피우다

아직 소녀 이미지에서 크게 벗어나지 않은 20대 여성들을 흔히 고양이에 비유하곤 한다. 무슨 말이냐고? 고양이가 어떻게 소리를 내는지 떠올려 보자. '야옹' 하며 울지 않는가. 이 울음소리가 여러분의 귀에는 어떻게 들리는가. 아내가 아닌 애인이던 시절 그 여인의 애교 섞인 코맹맹이 소리로 들리지 않는가. 이해가 안 된다고? 그럼 다시 한 번 들어 보라. '야옹'

하지만 고양이 같던 여자들이 나이를 먹고 중년에 접어들면 점점 호랑이로 변신하기 시작한다. 애교 섞인 '야옹'은 어느새 이제는 '어흥'이 되어 버린다. 남성적 본능인 거친 야성의 속성이 여성에게서 다시금 화려하게 부활하며 꽃을 피우는 것이다. 남성과 마찬가지로 여성에게도 에스트로겐 호르몬이 줄어들면서 신체적으로나 정신적으로 제2의 사춘기를 맞아 변화가 시작되는데 여러 면에서 고개 숙이는 남성과는 사뭇 다른 양상을 보인다.

예쁘고 섹시하다는 수식어는 어느새 사진첩 속의 빛바랜 전설로만 남겨지고, 옷장 속에 가득한 옷들의 단추가 잠기지 않아 무심한 세월에 서서히 배신감도 들지만 여성들에게는 새로운 능력, 즉 도전과 모험이라는 강력한 힘이 부여된다.

지하철이나 버스에서 빈자리라도 보이면 그녀들은 바람을 가르며 달려가 자리를 쟁취한다. 주위의 따가운 눈총쯤 크게 상관하지 않는다. 현대의 경쟁 사회에서는 먼저 차지한 놈이 장땡 아니던가. 남편이 가구를 옮기느라 낑낑대면, 피죽도 못 먹은 사람처럼 왜 그리 힘을 못 쓰느냐며 남편을 밀쳐내고는 번쩍 가구를 들어 이리저리 옮겨 놓는다. 그 모습에 남편이 놀란 기색이라도 보이면 "그러니까 평소에 잘하라고! 알았어요?" 하며 쌩 하니 돌아선다.

그렇게 구박하던 시어머니도 이제 그녀들의 말 한마디면 고개를 끄덕인다. 중풍 걸린 시아버지 병수발에 시동생까지 건사하며 지금 살고 있는 평수의 아파트로 이사를 오게 된 것도 모두 그녀들의 악착같은 생활력 덕분이다.

그녀들은 이제 빈집을 지키며 가족들이 돌아오기만을 기다리지 않는다. 어떻게 하면 자신의 인생을 더 멋지고 활기차게 만들 수 있는지에 더 큰 관심을 쏟는다. 그래서 오늘도 여성들은 화려하게 단장을 하고 집을 나선다. 한가슴을 열어젖히고 당당하게!

기운 없는 남자들에게 필요한 두 가지

다시 조 팀장의 이야기로 돌아가 보자. 최근 들어 기력이 더욱 떨어진 조 팀장은 소파에서 뒹굴며 텔레비전 채널을 돌리다 눈에 띄는 인물을 발견했다. 조 팀장은 장안의 화제라고 하는 그의 이력을 들여다봤다.

버클리 음악대학 출신이지만 대마초 흡입 혐의로 경찰에 검거되어 벌금 500만 원을 선고받았다. 병역 부실 근무로 군대를 한 번도 아닌

두 번이나 다녀왔다. 흔치 않은 경우다. 제대 후 2년 만에 생존 경쟁의 무대로 돌아왔지만 컴백은 불안정했다. 예전의 화려함을 회복하고 재기할 수 있을지는 누구도 장담할 수 없었다. 그럼에도 아이돌이 대세인 살벌한 연예계 현장에서 30대 중반을 넘은 두 아이의 아버지로서 자신의 존재감을 소리높이 외쳤다. 그러자 미국 뉴스 채널 CNN과 《월스트리트저널》, 《허핑턴 포스트》에 보도된 데 이어 미국 시사주간지인 《타임》에도 소개되는가 하면, 급기야 빌보드 2위까지 등극하는 건국 이래 초유의 일이 벌어졌다. 「강남 스타일」이라는 노래로 국내를 넘어 해외로까지 기세를 떨치고 있는 인물. 그는 바로 '싸이'였다.

조 팀장은 "프로는 무대에 섰을 때 그 무대를 부셔버리고 말 정도의 뜨거움과 열정을 가지고 있어야 한다"고 말하는 싸이의 노래와 춤에 점점 매료되고 동화되어 갔다.

'그래, 바로 저거야! 나도 왕년에 저 정도는 됐었잖아!'

여성은 나이 들수록 자기주장이 강해지고 활동적이 되는 반면 남성은 오히려 반대의 경향을 보인다. 그래서인지 나이가 들면 우울증을 앓는 남성들이 많아진다. 서울대학교병원 윤대현 교수는 이를 위한 대비책으로 '소통 능력'과 '유연성'을 강조한다. 그는 "노년의 삶의 질에는 커뮤니케이션이 중대한 영향을 끼친다"며 "노후 준비는 돈만으로는 안 된다. 소통 능력은 갑자기 키워지는 게 아니기 때문이다. 40~50대 때부터 유연하게 사고하고, 타인의 감정을 배려하는 능력을 키워야 노년의 삶이 풍요로워진다"고 말한다.

평소에 타인의 감정을 어느 정도 배려하고 있는지 한번 생각해 보자. 토요일 아침, 늦잠을 자고 있는데 아이가 놀아달라고 떼를 써서 짜증을 낸다든지, 외출한 아내가 집에 늦게 들어 왔다고 무작정 화를 내지는 않는가? 이런 사소한 행동들이 스스로를 고립시키는 요인이 될지도 모른다. 이 세상에 나 혼자인 듯한 생각이 들 때, 젊은 시절의 열정을 잃어버린 듯한 기분이 들 때마다 자신이 얼마큼 타인과 소통하고 있는지를 되새겨 보자.

4
보이지 않는 것을 보는 법

서울에 처음 올라와 지하철을 탔을 때 신기해 보였던 광경 중 하나가 신문을 파는 이들의 모습이었다. 지방에서는 볼 수 없었기 때문이다. 그들은 신문을 한가득 품에 안고 목청껏 똑같은 소리를 외쳤다.

"신문이요, 신문! 신문 사세요!"

동전을 건네고 신문을 사는 이들도 있었지만, 대다수의 사람들은 그다지 관심을 보이지 않았다. 피로와 스트레스로 사람들은 몹시 지쳐 보였다. 물론 나도 그들 중 한 명이었다.

그러던 어느 날, 누군가가 객차 사이의 문을 활짝 열어젖히고는 자신감에 찬 도도한 발걸음으로 걸어 들어왔다. 하지만 막상 그녀를 보자 엄청난 양의 신문으로 몸이 휘청거려 보였다. 마치 삶의 무게인 양 그녀의 팔을 짓누르고 있는 신문들.

그런데도 여인은 당당함을 잃지 않고 고개를 곧추 세우고는 음률을 타며 이렇게 외쳤다.

"조선 사람은 조선일보! 한국 사람은 한국일보! 스포츠는 살아 있다, 스포츠 조선!"

참으로 유쾌하면서도 흥미를 잡아끄는 멘트가 아닐 수 없었다. 여인은 기발하게 만들어 낸 자신만의 판매 화법으로 세상을 향해 소리 치고 있었다. 그러자 외면하고 있던 사람들이 관심을 보이며 하나둘 신문을 구매했다. 나도 덩달아 한 부를 샀다.

없던 구매 욕구가 갑자기 생겨난 것이다. 기존의 "신문이요, 신문! 신문 사세요!"라는 외침에 식상해 있던 사람들에게 "조선 사람은 조선일보! 한국 사람은 한국일보! 스포츠는 살아 있다, 스포츠 조선!"이라는 외침은 무척이나 신선한 자극이었다.

대체 이런 아이디어가 어떻게 나왔을지 궁금했다. 아마도 그녀는 남다른 영업적 화법을 개발하기 위해 고객 분석 등의 부단한 노력을 기울였을 게 분명했다. 신문이라는 상품을 팔기 위해 어떤 방법을 써야 할지 고민고민하며 만들어낸 멘트였을 것이다.

문득 그녀가 고객의 심리를 분석해 내는 저런 뛰어난 관찰력으로 신문이 아닌 다른 걸 팔았다면 어땠을까 하는 생각이 들었다. 가령 선박이나 자동차, 비행기 같은 것 말이다.

48

시인에게서 배우는 전략적 포지셔닝

한 시인이 있다. 그는 강물이 흐르는 시골의 고즈넉한 마을에 위치한 초등학교 교사였다. 그는 투철한 직업관과 사명감에 힘입어 아이들에게 시를 쓰게 하겠다는 목표를 세웠다. 하지만 그 또래가 그렇듯 산만하기 이를 데 없는 아이들에게 어쩌면 지루하기 짝이 없게만 느껴지는 시를 쓰게 한다는 게 결코 쉬운 일이 아니었다. 그는 전략을 짜기로 했다.

첫 번째는 나무 친구를 하나씩 만들어 오게 하는 것이었다.

"철수야, 네가 사는 동네 주변에 나무들이 많지?"

아이가 눈을 동그랗게 뜨며 바라본다. 당연한 것을 왜 물어 보느냐는 표정이다.

"네."

"그럼 그중에서 네가 친구로 삼을 만한 나무 하나를 내일까지 정해 오렴."

다음날 그는 숙제 검사를 했다.

"철수야, 어떤 나무를 친구로 할지 정했니?"

아이는 절레절레 고개를 흔들었다.

그는 다음날도, 그 다음날도 계속해서 확인했다. 그렇게 일주일이 지났다. 반복되는 과정에 지친 철수가 드디어 회심의 미소를 지으며 등교했다.

"철수야, 나무 친구 정했니?"

철수는 자신 있게 대답했다.

"예! 집 앞에 있는 느티나무요!"

보험업계에서 신입사원이 들어오면 제일 처음 시키는 일 중 하나가 고객 명단 만들기이다.

"이말순 씨! 당신이 살아오면서 기억하는 모든 사람들 이름을 여기 한번 적어 보세요."

이 일이 생각만큼 쉽지가 않다. 골머리를 앓으며 과제를 끝내면 이는 다시 몇 가지 등급으로 나뉘어져 대상별로 적절한 전술 계획이 이뤄진다. 가장 기본인 이 일이 세일즈 계통에서만 쓰이는 방법은 아니다. 업종이나 직종에 관계없이 고객을 확보하고 관리해야 하는 기업 환경이라면 적극 활용하는 방법이다.

나의 나무 친구는 누구일까? 이를 정했다면 이제 그 나무를 공략하는 일만 남았다.

두 번째는 관찰하기이다. 끝난 줄 알았던 선생님의 과제는 계속 이어졌다.

"그럼 그 느티나무가 네게 무슨 말을 하는지 잘 듣고 이야기해 줄래?"

아이는 미치고 팔짝 뛸 노릇이다. 느티나무가 사람도 아닌데 무슨 이야기를 한단 말인가. 다음 날 그가 아이에게 물었다.

"철수야, 나무가 네게 무슨 말을 하디?"

아이는 당연하다는 듯 대답했다.

"아무 말도 안 하던데요."

"아니야. 다시 가서 잘 들어 봐."

반복된 질문 속에 다시 일주일이 지났다.

"선생님! 드디어 나무가 제게 말을 건넸어요."

"그래, 무슨 말을 하던?"

아이는 천연덕스럽게 대답했다.

"철수야, 학교 잘 갔다 와! 그러던데요."

그는 환하게 웃으며 이렇게 말했다.

"잘했구나. 그럼 조금 더 귀를 기울여 나무가 다른 어떤 말을 하는지 잘 듣고 그걸 글로 써보렴."

선정된 나무, 즉 고객을 공략하는 두 번째 단계는 관찰이다. 여기서 관찰이란 단순히 보는 것만을 의미하지 않는다. 그 고객의 특성, 관심 분야, 가족 사항, 경제력, 라이프스타일이 어떤지 등을 알아내는 것이다. 그러기 위해서는 모든 오감을 동원해 제대로 바라보고 귀를 기울여야 한다. 그러면 보이지 않던 것들이 보이고, 들리지 않던 것들이 들리며, 느끼지 못했던 것들에서 신호가 온다. 다만 철학적 관점에서의 관찰이 말하듯, 인식의 기초로서 적극적인 의도로 살펴봐야 하는 것은 기본이다. 이와 관련한 코칭의 핵심 개념 중 다음과 같은 말이 있다.

모든 것을 들어라. 심지어 사람들이 말하지 않은 것도 들어라. 더 주의 깊게 경청하고 진짜로 들으면, 사람들과 파트너가 될 수 있다.

성공이라는 월계관을 쓰는 이들의 공통점 중 하나는 이처럼 사물을 주의 깊게 관찰한다는 점이다. 세상은 세밀하게 잘 보는 사람들의 몫이다. 부자는 돈이라는 속성과 들어오고 나가는 통로에 대해 주의 깊게 관심을 갖는다. 시인은 다른 이들이 보지 못하는 세상을 또 다른 눈으로 음미하며 그것을 읊조린다. 세일즈맨은 고객의 성향과 특성을 파악하기 위해 그 고객에 대한 정보를 모으고 지속적으로 탐색한다. 음악가는 음의 세상에 뛰어 들어 탐조등의 불을 켠다. 미술가는 사람들 혹은 세상에 숨겨진 속성을 들여다보고 캔버스 위에 붓을 놀린다. 조각가는 사물의 본질을 파악해 필요 없는 부분을 깎고 다듬고 망치질해 나간다. 과학자들은 세균과 세포 증식 등 현미경을 통해 미지의 세계를 끊임없이 들여다보고 탐구한다. 샐러리맨은 상사의 책상 위에 어떤 책이 놓여 있는지를 파악하고 그의 관심사에 맞장구치며 동행한다.

중요한 것은 눈에 보이지 않는다

"양상추 사와, 양상추! 알았지?"

남편에게 저녁 찬거리를 사오라고 심부름을 시킨 아내는 영 안심이 되지 않는다. 그도 그럴 것이 남편은 무얼 하나 시키면 관심이 없는 건지 아니면 주의 깊게 듣질 않는 건지 제대로 하는 게 별로 없기 때문이다. 마트에 도착한 남편이 목표물을 찾는다.

'음. 사오라고 했던 게 뭐였더라.'

눈앞에 '양'으로 시작되는 단어의 채소가 나타나자 그가 회심의 미소를 짓는다.

'찾았다!'

개선장군처럼 집으로 돌아온 그가 자랑스럽게 사들고 온 채소를 내민다. 아내의 표정이 순식간에 어두워진다.

"아이고, 내가 못살아! 양상추 사오라고 그랬지 언제 양배추 사오라고 했냐고! 그럼 그렇지. 당신을 믿고 시킨 내가 잘못이지!"

민망한 남편은 분위기 전환을 위해 텔레비전 전원을 켠다. 그런데 아뿔싸! 불난 집에 기름을 붓는 꼴이 되고 말았다. 텔레비전에서는 영리한 강아지 한 마리가 출연해 가위면 가위, 냄비면 냄비, 콜라면 콜라 등 주인이 시키는 대로 해당 물품을 척척 입으로 물고 오는 것이다. 이를 본 아내가 그냥 넘어갈 리 없다.

"당신, 저 강아지만도 못한 거 아냐?"

남편이 깊은 한숨을 내쉰다. 어쩌다 자신이 저 강아지만도 못한 신세가 되었는지.

그렇다면 여자들은 어떨까?

그녀들은 남자와 달리 일상 속에서 이런 일들을 해내는 게 체질화되어 있다.

"엄마! 어제 내 과제물 해놓은 거 어디 있어?"

"응, 서재 책상 위에 올려놨어."

"여보! 내 양말 어디 있지? 빨리 출근해야 되는데."

"장롱 세 번째 서랍에 있잖아요."

"아참, 줄무늬 넥타이는 어디 있지?"

"당신이 어젯밤 선반 위에 놓아뒀잖아."

"어미야! 된장 뚜껑이 보이질 않는구나."

"어머니, 가스레인지 옆에 있어요."

오늘도 어김없이 전쟁 같은 하루가 시작된다. 아이와 남편은 정신연령이 같은 모양이다. 둘이 하는 소리가 매일 똑같다. 잔소리를 하는 것도 한두 번이지 아내는 슬슬 지쳐간다.

"제발 자기 전에 챙겨 놓고 자라고!"

하지만 말할 때만 알았다고 대답할 뿐 돌아서면 새카맣게 까먹는 모양이다. 조금만 관심을 기울이면 되는데 왜 그렇게 매일 뭘 못 찾아 난리인지 알 수 없다. 모든 관찰의 매개체는 관심으로부터 촉발된다는 것을 모르는 모양이다.

아내는 매일 반복되는 일상에 속이 상하면서도 한편으로는 나란 존재가 있어 가정이 돌아간다는 뿌듯함과 안도감이 드는 것도 사실이다. 시부모 아침상을 차리는 와중에도 아이들 준비물과 남편 출근 준비 시키느라 정신이 없다. 그러면서도 이 사람, 저 사람이 묻는 질문에 척척 대답한다. 자신의 눈에는 뻔히 보이는 것들을 왜 다른 가족들은 보지 못하는지 아내는 참 알다가도 모를 일이라고 생각한다. 여기에 대해 남자들은 어쭙잖은 답변을 늘어놓는다.

"다른 거 안 하고 집에서 살림만 하니까 뭐든 척척 찾아내는 게 당연하지. 나도 아무것도 안 하고 집에만 있으면 다 찾을 수 있다고!"

여러분도 정말 당연한 일이라고 생각하는가? 그럼 다음과 같은 실험에 함께 참여해 보자.

① 먼저 노트와 펜을 준비한다. 그리고 자리에 앉아 편안히 눈을 감고 머릿속에 500원짜리 동전을 그려 보라. 잘 떠올려지는가? 아니면 가물가물한가? 500이라는 아라비아 숫자가 찍혀 있고 반대편엔 어떤 그림이 그려져 있다. 그 그림이 무엇인지 떠올려 보라.

② 떠오른 사람은 눈을 뜨고 펜을 들어 노트에 직접 그림을 그린다. 대다수의 사람들이 이미지가 잘 떠오르지 않을뿐더러 무슨 모양인지 기억하지 못할 것이다. 아직도 무슨 말인지 이해하지 못한 사람들을 위해 질문 하나를 더하겠다.

③ 아침 출근 시 오른발부터 구두를 신는가? 아니면 왼발부터 신는가? 와이셔츠를 입을 때 왼팔과 오른팔 어느 쪽부터 손이 들어가는가?

여러분의 기억력은 어느 정도인가? 그에 따라 관찰의 정도를 가늠할 수 있다. 먹고살기도 바쁜데 왜 쓸데없는 짓을 하냐고 묻는다면 하는 수 없다.

다시 본론으로 돌아가자. 평소 흔하게 봐온 500원짜리 동전을 우리는 왜 기억해 내지 못하는 것일까? 그 이유는 평소 관심 있게 대상을 관찰하는 습관이 되어 있지 않기 때문이다. 만약에 그것이 연말 승진과 관련 있는 프로젝트의 열쇠였거나 또는 신상품 개발의 힌트였다면 어땠을까. 우리가 흔히 지나치는 것들, 그 가운데 인생의 해법이, 삶의 노하우가, 생존의 비법이 숨어 있다. 그래서 생텍쥐페리는 『어린 왕자』를 통해 우리에게 이런 메시지를 전한다.

"중요한 것은 눈에 보이지 않는다."

무심코 스쳐 지나가는 작은 것들을 관찰하는 것. 그것에서 발견이 나오고 새로운 아이디어의 원천이 솟아난다. 누군가 유심히 바라보고 관찰해 줄 때 그 대상은 새로운 생명을 얻고 존재 이유를 찾는다. 학창 시절 외웠음직한 김춘수의 「꽃」이라는 시를 떠올려 보자.

"내가 그의 이름을 불러 주었을 때 그는 나에게로 와서 꽃이 되었다."

이름을 불러 주었다는 것은 그 존재의 의미를 파악하고 그 의미의 본질을 꿰뚫었다는 것이다. 이것이 바로 관찰의 힘이다.

비서처럼 보고 비서처럼 행동하라

조관일의 『비서처럼 하라』를 보면 삼성그룹 사장단의 47퍼센트가 비서실 출신이라는 데이터를 내세우며 비서들의 행동 방식에 주목하라고 이야기한다. 저자는 CEO의 가장 측근에서 그들의 마인드와 판단력, 업무 습관, 생활 태도까지 고스란히 벤치마킹해 자기 것으로 만드는 사람이 바로 '비서'라고 강조한다. 그런데 이 비서라는 직함의 역할이 여성들에게는 선천적인 DNA처럼 잠재되어 있다. 자신의 사고와 주관보다는 상사를, 남편을, 시댁을, 아이들을 먼저 챙기고 그들의 의중을 정확하게 파악해 상황에 맞게 적절히 대처해 나간다. 놀랍지 않은가.

특히 커리어 우먼들은 남성과 동등한 사회생활을 하면서도 시댁과 친정의 대소사 하나하나까지 모두 챙기고 준비한다. 남자라면 바쁘다는 핑계로 그냥 지나칠 수도 있는 일들을 꼼꼼히 챙기고 그 밸런스를 유지하기 위해 집중한다. 이 같은 능력은 일상생활에서도 나타난다.

"자기야, 오늘이 우리 만난 지 며칠째인지 알아?"

이런 말하면 남자는 미친다. 할 일이 참 없다는 생각도 든다. 만난 날짜를 일일이 헤아리고 있었다니, 그 정성과 세심한 기억력이 감탄스럽기도 하지만 한편으로는 성가시기도 하다.

"우리가 어디서 처음 만났는지 알아?"

암담해진다. 특히 나처럼 공간 감각이 없거나 예전 기억을 잘 못하는 사람들은 이럴 때 어떻게 해야 하는지 가슴이 답답하다.

"덕수궁 돌담길? 아니, 광화문? 그것도 아닌데. 신촌이구나!"

"땡!"

위의 이야기에 깊이 공감하는 남자들을 위해 섬세한 관찰력을 기를 수 있는 몇 가지 방법을 준비했다.

첫째, 상사에게 인정받는 부하가 되기 위해서는 능력도 중요하지만 상사의 기분을 알아차리고 그에 맞게 행동하는 것도 필요하다. 상사가 가장 좋아하는 것과 싫어하는 것이 무엇인지, 상사의 기분이 좋을 때는 주로 언제인지 생각해 보자.

둘째, 주말을 보내고 월요일 아침 여직원이 출근했다. 옷차림과 화장에 주목하자. 그리고 지난주와 비교해 봤을 때 무엇이 달라졌는지 살펴보자.

셋째, 아내가 저녁 식사 후 친구와 장시간 전화 통화를 한다. 이때 통화 내용을 허투루 흘려보내지 마라. 현재 그녀의 최대 관심사와 고민거리가 무엇인지 알아낼 수 있다.

넷째, 당신이 그토록 사랑하는 아이의 스마트폰 배경화면이 무엇인지 떠오르는가? 그렇다면 담임선생님 이름은? 아이가 좋아하는 아이돌 가수와 노래는? 가슴에 품고 있는 꿈은 무엇인가? 위의 질문에 답할 수 없다면 지금부터라도 아이에게 관심을 갖고 아이의 감정을 공유하기 위해 노력해 보자.

물론 이런 것들을 알아차리는 게 살아가는 데 뭐 그리 중요하냐고 되묻는 사람도 있을 것이다. 하지만 예리한 관찰력을 바탕으로 직장에서나 가정에서나 상황에 맞는 뛰어난 대처능력을 보이는 여성들에게서 분명 배울 수 있는 부분이 있을 것이다. 비서처럼 생각하고 행동하고 싶다면 관찰하고 또 관찰하라!

5

손거울을 든 여자가
성공하는 이유

아메리카 인디언들은 말을 타고 사냥을 나갔다가 가끔 멈춰 서서 뒤를 돌아보곤 한다. 그 이유를 물었더니 다음과 같은 답변이 돌아왔다.

"내 영혼이 잘 따라오나 기다리고 있습니다."

주5일 근무가 정착되면서 WLBWork-Life Balance를 추구하는 사람들이 많아졌다. 용어 그대로 일과 삶의 조화를 잘 맞추자는 의미인데, 과연 우리의 현실은 어떤가. 일을 우선으로 두다 보면 생활에 여유가 없어지고, 반대로 생활에 치우치다 보면 일 쪽에 미진한 결과가 파생되니 말이다. 그래서 평범한 삶을 살아가는 우리들로서는 아직 먼 이야기라고 여겨지기도 한다. 하지만 커리어 우먼들은 그럼에도 그 균형의 줄타기를 악착같이 잘해 나간다. 여러 여건상 여성이 남성에 비해 더 많은 노력이 요구됨에도 말이다. 그런데 혹시 알고 있는가. 여성들이 균

형을 잡아가는 그 익숙한 촉수가 특유의 생리적 환경에서 숙달되었다는 사실을.

정기 의례를 통해 학습된 능력

학창시절의 어느 날 아침, 등교 준비를 서두르는데 어머니께서 심각한 표정으로 한마디 던지셨다.

"승호야, 김일성이가 안 쳐들어온데이."

공산당을 때려잡자는 서슬 퍼런 반공 사상이 맹위를 떨치던 시절, 어머니는 난데없이 입에 올려서는 안 될 인물을 발설하고 마셨다.

"어무이, 무슨 말인교? 알아듣게 이야기 좀 하이소. 김일성이가 안 쳐들어와야지, 그럼 쳐들어오면 좋겠심니꺼?"

어머니는 아무 대답이 없으셨다. 도대체 무슨 말씀을 하시는 건지.

며칠 후 어머니는 또다시 뜬금없는 한마디를 던지셨다.

"승호야, 빨갱이가 안 쳐들어온데이."

빨갱이라니, 환장할 일이다. 며칠 전에는 김일성 이야기를 하시더니 이번에는 빨갱이란다. 머리에 뿔 달린 그놈들이 쳐들어오지 않으면 다행이지, 어머니는 도대체 무슨 이야기를 하시는 걸까. 어린 마음으로 도무지 이해가 되지 않았다. 그러다 머리가 굵어져서야 그 말이 무슨 의미였는지 알게 됐다. 그렇다. '김일성'과 '빨갱이'는 여성들이 흔히 표현하는 달거리를 말하는 것이었다. 그러니까 어머니의 말

60

인즉슨 달마다 치르던 생리가 이제 끊겼다는 의미를 비유적으로 표현하셨던 것이다.

정상적인 여성들은 누구나 한 달에 한 번 성스러운 의례를 치른다. 당연한 행위다. 그럼에도 매달 반복되다 보니 여성들은 때때로 이를 귀찮고 성가시게 여기기도 한다. 그도 그럴 것이 생리통에 시달리기도 하고 또 이 시기가 되면 심리적 밸런스까지 흔들리다 보니 남성들로서는 도저히 이해 못할 예민한 상황이 벌어지기도 한다. 그래서 여성들은 그날이 다가오는 낌새가 느껴지면 본능적으로 미리미리 방어 태세를 갖춘다. 심리적, 환경적 그리고 그 주변 상황에 따른 대비책을 세우는 것이다.

이런 점검의 습성이 오랜 동안 이어지다 보면 어느덧 여성은 '스탠바이' 상황에 익숙해진다. 외부의 급작스러운 변화와 환경에 노출되더라도 적응력과 상황 판단이 빠를 수밖에 없는 것이다. 그래서 실제 비상사태가 발생하더라도 외부적으로 비춰지는 연약함과는 달리, 놀라우리만치 냉정하고 이성적인 태도로 남성보다 뛰어나게 현실을 인지하고 상황에 대처하는 능력을 보인다.

학습을 통해 축적된 여성들의 이런 능력은 조직생활에도 그대로 적용된다. 경쟁과 성 차별이 존재하는 척박하고도 치열한 기업 환경에서도 뛰어난 성과물을 만들어 내고 그들보다 빠른 승진으로 성공의 반열에 오르는 투지를 발휘해 내는 것이다.

수시로 인생을 체크하라

재계 서열 31위인 웅진그룹의 자금난에 따른 법정관리 등의 사태에 대해 말들이 많다. 그중 공통적인 사항이 오너의 무리한 M&A 등 공격 경영에 따른 비난이다. 한때는 웅진그룹을 성장시킨 원동력의 축이었지만 이제는 오히려 자멸의 원인이 되고 말았다. 그러기에 우리는 스피드 경영을 추구하는 현 실정에서도 돌다리를 두드리며 건너가는 체크 포인트의 센스가 필요하다.

여성을 상징하는 '우'는 손거울을 들고 있는 여성을 나타낸다. 그러기에 여성은 남성과 달리 아무리 급박한 일이 있어도 외출 전 반드시 거울을 들여다보는 습성이 있다. 거울을 통해 자신의 모습을 둘러보고 점검하며 스스로 피드백을 가한다. 어디가 잘못되었는지, 고칠 것은 없는지, 외부로 보이는 옷차림과 화장은 바르게 되었는지 등등. 끊임없이 확인하는 것으로 고정적이며 반복적인 패턴을 유지한다.

여성의 이 같은 기질은 묘하게도 직장인들이 고대하는 연말정산 항목 중 체크카드의 장점과 흡사하다. '13월의 보너스'이기도 하지만 현대인들에게 요구되는 특성과 잘 맞아 떨어지기 때문이다.

체크카드의 가장 큰 강점은 정해진 금액 안에서만 사용할 수 있다는 점이다. 그렇기 때문에 한도 금액을 초과할 경우 돈이 인출되지 않는 것은 물론 카드 결제도 되지 않아 자연스레 경제적인 측면에서의 절제력을 배울 수 있다. 마찬가지로 여성이 CEO인 회사의 경우, 안정 추구로 인해 신시장 선점 타이밍이 떨어진다는 약점도 있지만, 기업에서

62

우선적인 실리를 추구하며 그에 따른 리스크를 최소화할 수 있다는 이점도 있다.

체크카드의 잔고를 확인하는 것처럼 강의와 코칭을 하는 나의 입장에서는 현 상태를 점검할 수 있는 여러 도구들이 필요하다. 강의 스킬과 공감, 경청 능력 등의 질적 함양을 위한 체크리스트로 자신을 관찰하고 부족한 점들을 지속적으로 개선시켜야 할 필요성이 있는 것이다. 기업도 마찬가지이다.

최근 K사는 각 부서의 팀장에게 '팀별 리스크 대응 시나리오' 작업 지침을 하달했다. 급변하는 대외 환경 등으로 향후 발생할 수 있는 리스크에 따른 방안을 모색하기 위해서였다. 협의 아래 전사적으로 워크숍 등을 통해 예견되는 여러 사항들을 밝히고, 선행 지표 및 이를 극복하기 위한 시나리오 작업을 설정해 나갔다. 더불어 그에 따른 예상 결과들을 도출해 피드백 및 시뮬레이션을 통한 현장 적용 끝에 동종업계와는 달리 매출의 상승세를 이어갈 수 있었다.

남자라는 동물은 뒤를 돌아보기보다는 전진을 추구하며 못 먹어도 고를 외치는 습성을 가지고 있다. 즉, 술을 마시거나 일을 행할 때 앞만 바라보며 "고 고!"를 외치는 전투적인 본능이 내재되어 있는 것이다.

하지만 시대가 변하다 보니 전진을 외치는 시각도 바뀌어 간다. 남성들과 달리 여성들은 물품 구입 명세표를 대조하듯 지나온 역사와 과거를 수시로 돌아본다. 외출을 해서도 가스 불을 끄고 나왔나 되짚어 보고, 스산한 가을바람이 불어오면 자신을 버리고 떠나간 첫사랑을 떠올리며, 억울하게 살아온 억겁의 시간이 한스러워 이를 갈기도 한다.

여자들의 이런 행동에 남자들은 대부분 혀를 찬다. 하지만 그녀들의 이 같은 점은 대나무가 마디마디 삶의 과정을 되새기며 단계적으로 성장하듯 구간별로 점검한다는 장점이 있다. 그래서인지 남자들이 똑같은 실수를 반복하는 것과 달리 여자들은 그런 전철을 웬만하면 밟지 않으려 노력한다. 그래서 함께 사는 남편이 사기, 보증, 도박, 바람 등의 그릇된 행동을 다시금 연출하면 그때는 뒤도 안 돌아보고 매정하게 등을 돌린다.

일상 혹은 업무의 상태 및 환경을 세심하게 점검해 보자. 나심 니콜라스 탈레브가 언급한 '블랙 스완Black Swan'과 같은 예측하기 힘든 변동성이 언제 어떻게 도출될지 모른다.

현대를 위미노믹스Womenomics(Women과 Economics의 합성어)의 시대라고 한다. 그만큼 여성 경영자들이 늘고 있다는 증거인데, 여기에는 앞서 이야기한 특성들이 큰 몫을 차지한다. 위에서도 언급했듯이 여성은 여러 상황에 대비한 훈련이 잘 되어 있다. 가정 경제를 꾸릴 때도 금액이 크든 작든 한 달 들어오는 수입 대비 지출 항목을 예상 점검하고, 총액 대비 마이너스 요소가 있을 시에는 사전에 차단하거나 과감히 제거시킨다. 그래서 여러 변수가 있음에도 긍정적인 아웃컴Outcome의 결과를 이끌어 낸다. 여성에게는 이 같은 공습경보의 관리 시스템이 생활화되어 있다.

인생이라는 여정에는 미리미리 챙겨야 할 체크 포인트가 있다. 하지만 아쉽게도 대부분의 남성들은 이런 타이밍을 뒤늦게야 발견하고 깨닫곤 한다. 침묵의 장기라고 불리는 간의 이상 증상을 제때 발견하지

64

못하고 지나쳤다가 돌이킬 수 없는 상황에 처하는 것처럼 말이다.

최근 들어 가까운 지인의 인맥 중에 두 사람이나 자살을 했다는 소식을 전해 들었다. 한 사람은 마흔아홉의 한창 나이에 승승장구하던 사업이 실패해서였고, 다른 한 사람은 쉰둘의 나이에 공기업에서 야근을 밥 먹듯이 하며 일했음에도 갑작스런 정리해고로 퇴직한 데 따른 울분의 저항이었다. 나이가 들수록 이런 소식이 남의 일 같지 않게 느껴진다.

모든 일은 무방비 상태에서 갑자기 찾아와 끔직한 결과로 귀결된다. 그렇기에 그때가 되면 너무 늦다. 만에 하나 아내와 자식들 모두 제 갈길 찾아가고 혼자만이 덩그러니 남겨지는 극단적인 상황이 찾아올 수도 있는 것이다. 반면 불시의 상황에 대비하는 훈련이 되어 있는 여성들은 오히려 변화를 꿈꾼다. 허벅지를 꼬집으며 인고의 세월을 견디다 때가 되면 비장의 체크카드를 내미는 것이다. 그 변화가 무엇인지는 각자의 상상에 맡기겠다. 알아서 좋지 않은 일도 있는 법이다.

나이가 들수록 남자들은 여성 그리고 아줌마라는 존재가 두렵고 무섭다. 그래서 술김에 욱해서 어린아이처럼 생떼를 부리기도 한다. 맨정신으로 꿈도 못 꿀 일이다. 이제부터라도 평소 가장 가까이에 있는 여성에게 잘하자. 늘그막에 따뜻한 밥이라도 얻어먹을 수 있는 자애로운 배려라도 선처 받으려면 말이다.

2부

왜 세상은
여자 편만 드는가

1

입을 옷이 없다고 불평하는
여자를 욕하지 마라

좀처럼 손에서 내려놓을 수 없는 휴대전화. 태어나 처음으로 휴대전화를 갖게 되었을 때의 그 두근거림과 설렘을 무엇으로 다 설명하겠는가. 전화선도 없이 들고 다니며 통화를 할 수 있다니! 두툼한 전화기 몸체에는 '모토로라'라는 로고가 선명하게 새겨져 있었고, 그 브랜드는 나와 동일시되어 최고의 제품을 사용한다는 우월감을 갖게 했다.

그러나 영원한 것은 존재하지 않는 법. 나의 첫사랑이자 자부심의 표징이기도 했던 그 상표가 이제는 이빨 빠진 호랑이처럼 아무도 알아주지 않는 신세로 전락하고 말았다. 2009년 그나마 5퍼센트를 유지하던 점유율이 2012년 들어 0.3퍼센트로 떨어지자 결국 한국 시장 철수라는 결정이 내려지고 말았다. 세계 최초라는 명성을 누리며 한때 휴대전화 시장을 이끌었던 글로벌 기업이 이제는 찬밥 신세도 모자라 사업 부진으로 인해 아예 퇴출되다시피 한 것이다. 격세지감이 아닐 수 없다. 어디 그뿐이랴. 일본의 자존심이자 영원히 무너지지 않을 신화로까지 불리던 소니, 파나소닉, 샤프 등의 3대 전자업체마저도 투자 부적격이라는 굴욕적인 판정을 받고 있다.

변화의 흐름을 읽지 못하고 트렌드를 이끌지 못하면 영원한 강자는 커녕 여차하면 회복하기 힘든 낭떠러지로 떨어지고 마는 시대다. 그런 시대의 흐름 속에서도 110년이라는 기나긴 역사를 풍미하며 여전히 창조적 원형을 이어나가는 기업이 있다. 접착용 테이프를 비롯해 수만 가지의 제품을 생산하는 3M이 바로 그렇다.

세계 경제의 동반 침체 속에 대다수의 기업들이 저마다 예산 감축과 구조조정을 벌이는 가운데, 오히려 3M은 최근 2017년까지의 연구개발R&D비를 현재 총매출의 5.5퍼센트에서 6퍼센트로 늘리겠다고 발표했다. 힘든 시기일수록 다른 기업에서 생각하지 못하는 새로운 기술력의 축적과 선도적인 신상품 출시를 위해 역발상을 취한다는 것인데, 아마도 이런 자세가 3M을 세계적인 기업의 자리에 있게 하는 중요한 요인이 아닐까 생각한다.

3M의 경우와 같이 빠르게 변하는 시장 경제 속에서, 선험적으로 고지를 차지할 수 있는 변화 능력을 가지고 있다면 아무래도 유리할 것이다. 변화와 관련된 또 다른 예를 들어 보자.

비 오는 아침 출근길은 직장인이라면 여간 성가신 게 아니다. 장대 같이 퍼붓는 빗줄기에 아무리 큰 우산을 써도 구두와 바짓가랑이가 순식간에 젖고 만다. 그렇다고 신사 체면에 바짓단을 둘둘 말아 올리고 다닐 수도 없는 노릇이고……. 그런데 폭포처럼 쏟아지는 비 따위를 아랑곳하지 않고 당당하고 우아하게 대로를 활보하는 이들이 있다. 바로 여성들이다. 맨다리에 짧은 스커트나 '하의 실종' 차림으로 출근하는 그녀들을 보면 조금 부럽기도 하다. 멋도 멋이지만 이렇게 궂은 날에는 남자들도 좀 편한 복장으로 출근하면 좋겠다는 생각이 들곤 한다. 그러면서 속으로 이렇게 외친다. '남자도 여름철에는 출근 복장에 자유를 달라!'

특히나 비 오는 날 유독 눈에 띄는 것 중 하나가 레인부츠다. 레인부츠라는 단어만 들으면 왠지 섹시한 느낌이 들지만 사실은 우리가 코흘리개 시절 이미 즐겨 신던 신발이다. 비만 오면 물장구질을 하며 신고 놀던 고무 장화를 새롭게 디자인해 상업화한 것이다. 장화와 레인부츠라는 단어는 본질은 똑같지만 외적 형상은 전혀 다르게 포장된, 말 그대로 마케팅의 힘에 의해 탄생된 상품이다.

어느 날 지방 출장을 가려고 고속버스를 기다리고 있는데, 중년 여성 한 분이 유독 눈에 들어왔다. 세련된 옷차림과 선글라스도 한몫했지만 무엇보다 보라색 레인부츠가 꽤나 멋스러워 보였다. 중년의 나이에도 참 멋지다 싶어 한참을 바라봤던 기억이 있다.

여성과 달리 남성의 패션은 연출의 폭이 한정적이다. 패션과 미용에 투자를 아끼지 않는 '그루밍족'을 잡기 위해 백화점들이 매장 내에 남성관을 늘리고 있긴 하지만, 여전히 비즈니스맨의 정장 표준은 어두운 색이 주류다. 직업적 커리어를 강조하는 전문직 종사자들의 승용차가 대부분 검은색인 것처럼 말이다. 거기다 외국계 보험업종에 종사하는 이들은 계절을 불문하고 고전적인 흰색 와이셔츠를 고집한다. 아무래도 고객과 상담하는 서비스직이다 보니 단정하고 깔끔한 이미지의 흰색을 선호하는 듯한데, 그렇더라도 더운 여름철 긴 소매 옷은 좀 답답해 보인다.

이처럼 단조롭기만 한 남성들의 복장에 비해 여성들의 옷차림은 연령대와 직종에 상관없이 매우 변화무쌍하다. 때마다 여성의 소비를 자극하는 신상품이 쏟아져 나오는 이유도 있겠지만, 부지런히 패션 잡지를 살피고 백화점 카탈로그와 최신 유행을 눈여겨보는 그녀들의 적극성도 한몫한다. 덕분에 알록달록 다양한 컬러와 디자인의 향연에 남성들의 눈은 더욱 황홀해진다. 나의 경우도 보통의 남자들과 다르지 않다. 원래 의복에 별로 관심이 없는 터라 한 번 산 옷은 특별히 해지지 않으면 줄기차게 입고 다닌다. 그런 나와는 다르게 아내는 계절의 변화에 따라 쇼핑을 즐긴다. 그런 아내가 종종 이해되지 않을 때가 있다.

"옷장에 옷이 넘쳐 나는데 또 옷을 사는 이유가 뭐야?"

"입을 옷이 마땅찮아서."

입을 옷이 마땅찮다고? 그럼 옷장 가득 걸린 저 옷들은 뭐란 말인가. 혹자는 이 같은 행태에 대해 이런 해석을 덧붙이기도 한다. 남성들이 예측 가능한 일관된 행동 패턴을 유지하는 것과 달리, 여성들은 하루에도 열두 번씩 변하는 감정의 사이클이 있어서 외부로 나타나는 표징도 형형색색이라는 것이다. 전혀 공감할 수 없는 말은 아니다. 하지만 알고 있는가. 여성들의 이 같은 속성이 현대를 살아가는 경쟁력의 핵심 요소라는 사실을!

변화가 두려운 경주마의 질주

남자는 자신을 인정해 주는 사람에 의해 자리가 좌우되기도 한다지만, 샐러리맨들은 아무래도 월급에 목을 매는 경우가 많다. 그래서인지 이런 남성들의 삶을 경주마에 빗대기도 한다. 여러 경주마들이 각자의 트랙에 서서 출발 신호를 기다리고 있다. 그들은 평소 나름대로 열심히 체력을 쌓으며 훈련을 지속해 왔다. 긴장감과 초조함이 몰아치는 가운데 오로지 목표점만을 노려보며 출발 신호를 기다린다. 드디어 스타트! 순위를 다투며 힘차게 달려 나간다. 코뿔소처럼 앞만 보고 죽을힘을 다해 달린다. 옆을 볼 겨를도 없고 볼 수도 없다. 앞만 보고 달리도록 눈가리개를 해놓았기 때문이다.

매월 같은 날이면 통장에 들어오는 월급의 힘은 생각 외로 막강하다. 여덟 시간 근로기준법을(별로 지켜지지 않는 경우가 태반이지만) 어떻게든지 사수하며 주5일을 버티다 보면 크든 작든 꼬박꼬박 받게 되는 월급은 색깔도 당도도 선명한 최상의 당근이다.

그러다 나이가 든 선배들의 한숨소리를 듣게 되면 순간, 이렇게 살아도 되는 건가 하는 생각이 번쩍 스친다. 그러고는 다니엘 핑크의 말처럼 용감무쌍하게 자신만의 길을 개척해 나가며 프리 에이전트로 살아가는 소수의 사람들을 보면서 그 용기와 능력에 박수를 보낸다. 하지만 그것도 잠시. '어떻게든 되겠지. 아직 창창하잖아'라며 남자들은 이내 현실과 타협한다. 물론 한 가정을 지켜야 하는 가장이라는 이유로 쉽게 또는 선뜻 월급을 포기할 수 없는 남자들의 불쌍한 현실도 무시할 수는 없으리라.

타인과 다른 생각, 다른 행동을 하며 남들이 가지 않는 소수의 길을 선택하기까지는 굉장한 용기가 필요하다. 여기에는 리스크를 감당해야 하는 것 말고도 소속된 단체로부터 따돌림을 받지 않으려는 무의식이 작용한다. 어릴 때부터 우리는 남달리 튀는 사람을 집단이나 공동체 내에서 좀체 용납하지 않는 획일화된 교육을 받아 왔다. 초등학교를 졸업하고 중학교, 고등학교에 진학하면 까만색 교복과 모자, 가방, 명찰, 까까머리 등의 획일화된 틀에 맞춰 6년을 보낸다. 더군다나 남성들은 혈기왕성한 20대 초반이 되면 군대라는 공간에서 3년 동안 국방색의 한결같은 복장과 환경 속에서 단합의 극치를 체험한다. 현실이 그렇다 보니 남자들은 오로지 하나로 통일된 단순함이 최고라는 사고방식에 지배당하지 않을 수 없다.

다르다는 것은 지금 시대에 또 다른 차별화일 수도 있지만 아무래도 획일화에 학습되어 있는 대한민국 남성들에게는 버거운 과제임이 분명하다. 이는 나의 경우를 통해서도 짐작할 수 있다.

최근 들어 새치가 눈에 띄게 늘었다. 유전인 탓도 있겠지만 시간의 무게를 이기지 못하고 검은색 머리카락들이 점차 흰머리에 자리를 내어 주는 것이다. 이를 본 회사 동료들이 한마디씩 한다.

"염색 좀 하지!"

서글픔이 밀려온다. 이 나이에 벌써 염색이라니. 그러다 도발적인 생각이 번쩍 든다. '스킨헤드족처럼 싹 다 밀어 볼까. 아니면 젊은 애들처럼 빨간색이나 노란색으로 물들이는 건 어떨까.' 하지만 지체할 것도 없이 바로 드는 생각은 그런 모습으로 출근했을 때 나에게 쏟아질 '윗분'들의 비난과 질타에 대한 두려움이다.

오늘도 비가 퍼붓는 가운데 정형화된 무거운 검정색 구두의 끈을 치열한 각오와 함께 불끈 동여맨다. '음, 그런데 저녁에 부서 회식이 있다고 했는데, 뭘 먹지? 따로국밥이 당기긴 하는데…… 그래도 다른 사람들 먹는 걸로 시켜야겠지.'

카멜레온의 도발

"우와, 시원해 보이네요!"

마흔 살이 가까워 오는 차장님 한 분이 민소매 차림으로 사무실에 출근을 했다. 더운 여름철에도 와이셔츠에다 생존을 위협하는 넥타이, 양복 윗저고리까지 갖춰 입고 땀을 뻘뻘 흘리는 남자들 입장에서는 여간 부러운 일이 아니다.

지하철 출근길. 이른 아침이라 그런지 대한민국의 용감한 여성들은 민낯을 드러낸 채 평소 갈고닦은 그림 실력을 발휘하느라 여념이 없다. 손가방 하나가 통째로 예술 작품을 위한 도구 상자다. 마스카라, 파운데이션, 파우더, 립스틱 등등. 여성들은 변신을 두려워하지 않는다. 오히려 즐기는 듯하다. 카멜레온처럼 변신을 거듭하는 여성들의 모습은 눈부실 정도로 당당하고 아름답다.

하나의 원형에서 어떻게 저렇게 다양한 모습이 나올 수 있을까. 작디작은 씨앗에서 예상치 않은 생명의 신비가 시작되듯, 한 가지 대상물에서 여러 갈래의 이미지를 발견하고 혼합해 다른 모습으로의 형상을 재창조하는 여성들. 한 치 앞을 내다볼 수 없는 현시대에 그와 같은 다양한 스펙트럼은 또 다른 부산물을 생성해 낸다.

현대는 변화의 시대, 창의력의 시대다. 그렇다 보니 경쟁사보다 한 발 앞서기 위해 기발한 판촉 아이디어를 짜내고 또 짜내라는 압박에 시달리는 게 당연지사다.

"이런, 젠장! 매일 똑같은 환경에서 똑같은 업무를 보는데 아이디어는 무슨 아이디어?"

사람들은 툴툴거리며 적당히 예전 것을 카피하거나 조금 변용한 아이디어를 제출한다. 그리고 그런 일은 점점 잦아진다.

창의성을 발휘하기 위해서는 어느 정도의 모방이 필요하다. 무에서 유를 만들어 낸다는 전근대적인 사고방식은 이제 통하지 않는다. 어쩌면 하면 된다는 무소불위의 정신도 사라진 지 오래다. 좀더 탄력적이고 좀더 유연하며 좀더 가변성이 가미된 사고가 필요한 시대다. 부러지기 쉬운 뻣뻣한 대나무가 아니라 휠지언정 결코 쓰러지지 않는 부드러운 갈대의 근성처럼 말이다.

여성들의 다양한 헤어스타일을 눈여겨보라. 출산과 함께 육아에 시달리느라 머리 손질할 시간이 없어 파리가 한번 들어가면 도저히 빠져나오기 힘들 것 같은 뽀글이 파마를 한 여성들도 없진 않지만, 그래도 짧은 커트나 파마를 하는 게 다인 단조로운 남성들의 헤어스타일에 비하면 그 다양성이 가히 압도적이다. 여성들의 헤어스타일

76

은 매직 스트레이트, 볼륨 파마, 핀컬 파마, 세팅 파마, 디지털 파마, 웨이브 커트를 비롯해 올린 머리, 묶은 머리, 땋은 머리, 핀으로 장식하거나 헤어밴드를 한 머리 등등 이루 다 헤아리기가 어려울 정도다.

어디 그뿐인가. 여성들이 즐겨 신는 신발도 마찬가지이다. 빨간색, 노란색, 파란색 등 컬러의 다양성은 물론이고 부츠, 운동화, 샌들, 하이힐, 웨지힐, 토슈즈 등등 모양새와 용도도 제각각이다. 거기다가 발가락을 돋보이게 하는 페디큐어는 또 얼마나 다양하고 화려하며 아름다운가. 출근길 지하철 안, 여성들의 오색찬란한 신발의 향연을 보고 있노라면 마치 갤러리에라도 와 있는 것 같은 착각이 든다.

아침마다 얼굴에 칸딘스키의 작품을 응용해 변신을 꾀하는 여성들. 높디높은 킬힐 위에 올라서서 오만하고 당당하게 세상을 내려다보는 여성들. 손톱과 발톱까지 덧칠해 외부 세상과의 커뮤니케이션을 오감으로 시도하는 여성들. 매일매일 바뀌는 패션 감각으로 자신의 정체성을 한껏 드러내는 여성들. 알라딘의 요술 램프처럼 수시로 헤어스타일을 변화시킴으로써 팔색조의 매력을 한껏 드러내는 여성들.

한결같은 어두운 색의 정장에 짙은 색의 구두, 짙은 색의 양말, 짙은 색의 넥타이를 한 남성들 앞에 여성들의 도전은 이미 시작됐다.

카멜레온의 원래 뜻이 고대 그리스어로 '땅 위의 사자'라는 사실을 아는가. 새로운 날에 대한 갈망과 창출은 이미 그녀들의 본성이요, 태생이요, 본능이다. 어쩌면 게임의 승패는 이미 결정되었는지도 모른다. 그래서 이제는 그런 여성들에게 남성들이 길을 물어야 할 시대가 온 것은 아닐까.

2
타인을 이해하는 법은
드라마에서 배워라

올림픽은 전 세계의 내로라하는 스타급 선수들이 경기를 펼치며 관중들로 하여금 뜨거움과 환호로 가슴 뛰게 하는 축제의 장이다. 정정당당한 페어플레이를 바탕으로 하는 스포츠에는 인종과 국경을 초월해 전 세계 사람을 하나로 만드는 엄청난 힘이 있다. 그만큼 인기가 높다 보니 가족 간에도 각기 좋아하는 스포츠 종목이 다르고 또 프로그램의 취향도 달라 종종 텔레비전 쟁탈전이 벌어지기도 한다.

"지금 야구 경기 봐야 하니까 조용히 방에 들어가서 공부해!"

"아빠는…… 지금 만화하는 시간인데."

"여보! 내가 좋아하는 장동건 나오는 드라마 봐야 하는데."

"엄마! 개그 프로그램 할 시간이라고요."

'7080' 세대의 단면을 조명해 흥행에 성공한 영화 〈써니〉의 도입부에 이런 장면이 나온다. 병상에 누워 있는 친정엄마와 딸이 대화를 나누는 가운데 텔레비전에서는 아침 드라마가 방영되고 있다. 그러자 주위의 환자와 가족들의 시선이 순간 드라마에 집중된다. 예측 못한 스토리의 반전에 병실 내 사람들이 황당해하며 손뼉을 치고 언성을 높인다.

"워떡혀, 워떡혀!"

"내가 저럴 줄 알았다니까!"

"저런 때려죽일 놈이 다 있나. 하여튼 남자들이란……."

반면 이런 요란한 반응에 적응이 안 되는 사람들도 있다. 바로 남성들이다.

"도대체 저런 질질 짜는 드라마가 무슨 재미가 있다는 거야."

"결말이 빤한 저런 드라마를 보고 있으면 속이 뒤집혀."

솔직히 나도 그랬다. 드라마에 빠져 있는 여성들을 보면 꽤나 할 일이 없나 싶어 영 마뜩지 않았다. 그런데 직업상 그리고 아내와의 공감대 형성을 위해 마흔이 넘어 한두 번 드라마를 보다 보니 슬슬 그 묘한 매력에 중독되어 가고 있다.

결론부터 궁금한 남성들의 취향

통계적이긴 하지만 남성들이 즐겨 보는 텔레비전 프로그램은 대체로 아련한 어린 시절 추억 속의 '수사반장' 같은 스릴러물이나 '동물의 왕국' 그리고 시사 프로그램과 스포츠, 뉴스, 날씨 등이다. 종류는 다르지만 여기에는 공통점이 있다. 기승전결의 과정도 그렇지만 무엇보다 결론이 분명하다는 점이다.

'수사반장'의 경우, 사람이 죽었거나 아니거나, 혹은 범인이 잡혔거나 아니거나의 확고한 전개와 결론을 담고 있다. '동물의 왕국'은 치열한 먹이사슬의 초원 위에서 사자가 사슴을 잡거나 아니면 놓치는 내용이며, 스포츠는 내가 응원하는 팀이 이기거나 지는 경우다. 또 시사 프로그램은 치열한 논쟁 끝에 말발이 센 쪽의 우세로 성패가 결정된다. 날씨도 마찬가지이다. 내일 어느 권역에 비나 눈이 오거나 혹은 그렇지 않다는 내용이 전부다.

이쯤 되면 여러분도 느낄 것이다. 남성들은 확실한 사건과 종결을 원한다. 이기든 지든 명백한 결말을 요구하며, 거기에 빠른 전개 구조와 명확성이 덧붙여지면 금상첨화다.

남자와 여자가 나누는 대화의 한 장면을 살펴보자.

"자기야, 301호 아줌마 알지?"

"응, 그런데 왜?"

"그 아줌마가 있잖아, 난리가 났데."

"엊저녁 밤에 시끄러웠던 게 그 집이었던 모양이지?"

"얘기 들어 봐. 남편이 늦게 들어와서……."

"왜? 그 여자가 얻어맞았대?"

"아니, 술 먹고 들어와서……."

"깨부쉈구나!"

"아니, 그게 아니고……."

80

"아! 바람을 피운 모양이지?"

"그게 아니라니까. 남편이 새벽녘에……."

"참 사람 답답하게 하네. 그래서 어떻게 되었다는 거야? 집안이 콩가루가 되었다는 거야, 뭐야?"

남자들은 정보 전달 처리 과정에서 시간적인 전개에 따른 흐름보다는 분명한 결론을 먼저 들으려는 본능을 가지고 있다. 그래서 중간에 여러 복선을 깔아 이리 비틀고 저리 비틀어 비비 꼬아 놓은 드라마 자체를 태생적으로 즐기지 않을뿐더러 심지어는 불편하게까지 여긴다.

여자들은 왜 그렇게 드라마에 열광할까

알콩달콩 깨 볶는 냄새가 폴폴 나는 결혼 2년차 신혼부부의 이야기이다. 금융업에 종사하는 남편은 이성적이고 합리적인 성향의 소유자다. 반면 아내는 지극히 여성스러운 스타일로 감성적이고 새침한 성향을 지니고 있다. 사랑의 유효 기간이 끝나 갈 무렵 남편의 눈에 아내의 못마땅한 행동들이 들어오기 시작했다. 특히 아내의 과도한 텔레비전 시청이 맘에 들지 않았다. 두어 번 지적을 했음에도 아내의 행동이 달라지지 않자 남편은 거의 폭발 직전에 이르렀다.

'집에서 하루 종일 하는 일이라곤 텔레비전 보는 거 말고는 없잖아. 도대체 왜 저렇게 텔레비전에 매달려 있는 거냐고!'

아침 식사시간, 남편은 최대한 감정을 누르며 그동안 참아 왔던 말을 꺼낸다.

"자기야, 텔레비전 볼 시간에 좀더 생산적인 일을 하는 게 어때? 책을 읽거나 아니면 건강을 위해 운동을 하는 게 좋지 않겠어?"

남편은 자신의 이런 마음 씀씀이에 아내가 기꺼워할 거라고 생각했다. 그러나 아내의 대답은 전혀 다른 방향으로 흘러간다.

"자기가 퇴근하고 들어와서 뉴스 보고, 또 스포츠 뉴스 보고, 시사프로 보고, 또 뉴스 보고 하는 거랑 내가 좋아하는 드라마 보는 거랑 무슨 차이가 있어?"

남편은 아내의 반격이 도무지 이해되질 않는다. 어떻게 세상 돌아가는 일을 전달하는 뉴스와 허접하기 짝이 없는 드라마를 비교할 수 있는 것인지. 그럴더라도 자신이 최대한 애정 어린 마음으로 이야기를 했으니 오늘 저녁엔 좀 달라져 있을 거라 믿으며 남편은 출근을 한다. 하지만 퇴근하고 돌아온 남편의 눈앞에 펼쳐진 광경은 전날과 다를 게 아무것도 없다. 자신의 말을 무시한다는 생각에 남편은 화가 나 그만 감정이 뒤범벅된 한마디를 던진다.

"텔레비전 안 꺼?"

결과는 여러분의 상상에 맡기겠다.

이런 사례가 결코 남의 일만은 아닐 것이다. 나의 경우도 마찬가지이다. 어느 날 지방으로 출장을 다녀온 뒤 지친 몸으로 집 현관의 초인종을 눌렀다. 그런데 아내가 반색하며 맞아주기는커녕 아무런 반응이 없는 게 아닌가.

'무슨 일이야? 지금이 몇 신데 벌써 자나?'

82

혼잣말을 하며 문을 열고 집 안으로 들어서자, 이런! 아내는 자고 있는 게 아니었다. 텔레비전 볼륨을 있는 대로 크게 해놓고 드라마에 빠져 있느라 초인종 소리도 못 들었던 것이다.

"남편이 출장 갔다 오는데 지금 뭐하고 있는 거야?"

울분에 찬 목소리로 버럭 소리를 지르자 아내가 대수롭지 않다는 듯 한마디 한다.

"미안, 중요한 장면에 집중하느라 초인종 소리를 못 들었어."

너무도 당당하게 말하는 그녀 앞에 나는 그만 할 말을 잃고 말았다. 도대체 여자들이 왜 그렇게 드라마에 열광하는 것인지, 정말 궁금했다. 방법은 하나, 적을 알려면 적진 깊숙이 침투하는 수밖에! 그런데 아내와 함께 드라마를 보다 보니 신기했다. 우리네 삶의 모습이 네모난 상자 안에 그대로 담겨 있었다.

드라마를 대하는 여성의 자세

대개의 드라마는 단편이 아닌 연작의 형태를 띤다. 그리고 공식처럼 젊고 잘생긴 남자 주인공들과 그려 놓은 듯한 외모의 여자 주인공들이 등장하며 거기에 연기력이 탄탄한 중견 배우들이 포진해 약방의 감초처럼 양념 역할을 한다. 남성적인 색채의 선이 굵은 대하드라마가 아닌 이상 여성 시청자들을 겨냥한 대개의 드라마는 로맨틱한 사랑 이야기가 줄거리의 핵심이다.

사랑! 정말 머리 아픈 명제다. 오래전 인간이 존재했을 때부터 만고 불변의 테마이긴 하지만 이 사랑이라는 단어를 들으면 남자들은 벌써 속이 울렁거린다. 한 사람을 만나 가정을 이루고 자식을 낳아 사는 데만도 복잡다단한 일들이 얼마나 많은데, 드라마를 보면서 그놈의 '사랑' 타령을 또다시 확인한다는 게 남자들로서는 여간 성가시고 머리 아픈 일이 아니기 때문이다.

거기다 중간중간 돌발적인 변수들이 미로처럼 등장한다. 잊고 지냈던 오래전 첫사랑이 등장하기도 하고, 결혼생활이 시들해질 즈음 나를 버리고 간 남자가 성공한 유부남이 되어 다시 돌아와 불륜에 휘말리기도 하며, 풋사랑의 결실로 태어난 아이가 뒤늦게 나타나 집안이 풍비박산되기도 한다.

그런데 신기한 것은 남성의 머리 구조로는 도저히 이해하기 어려운 이 꼬이고 꼬인 설정에 여성들이 열광한다는 점이다. 진심으로 유치찬란한 이 사랑이라는 무념무상의 존재에 환호를 보내고 박수를 치고 공감하며 소리를 지른다. 그리고 그것도 모자라 감정이 북받쳐 격정의 눈물까지 한바탕 흘리고는 이내 전화기를 집어 든다.

"길남 엄마, 그 드라마 봤어?"

"당연하지! 그런데 어쩜 그럴 수가 있니?"

"맞아, 맞아! 자기도 그렇게 생각하지? 그런데 그 남자 너무 멋있지 않니?"

이게 무슨 황당한 시추에이션인지. 그런 모습을 보고 있노라면 참 별짓을 다한다 싶다. 저럴 시간에 다른 일을 하든지 아니면 차라리 잠이나 자두는 게 정신 건강에 더 낫지 않을까 하는 생각도 든다. 그런데 그런 내가 변한 것이다.

여성들의 유추 능력

드라마는 당연히 허구다. 그렇더라도 우리가 사는 세상을 그대로 그 안에 옮겨 놓다 보니 드라마에서는 당연히 사람 사는 냄새와 맛이 전해진다. 게다가 편하게 침대 위에 누워 시청할 수도 있고, 아내와 수다를 떨며 볼 수도 있으니 자연스럽게 공감대를 형성하는 매개체가 된다.

"저런 나쁜 놈이 있나! 그래 맞아. 자기야, 왜 우리 회사에 이 부장 있지?"

"눈이 요렇게 쪽 찢어지고 말라서 성깔 있게 보이는 그 이 부장 말이야?"

"그래! 그 이 부장이 꼭 저런 스타일이야. 올 때 갈 때 성격 다르고 자기가 해야 할 일 안 하고 빈둥대다가 프로젝트 마감 닥치면 밑에 직원들 죽도록 야근이나 시키는 타입이지."

"어머, 그래? 어쩐지 처음 봤을 때부터 느낌이 안 좋더라니."

드라마 속 세상에 자신의 삶이 겹쳐지면서 대화는 자연히 회사, 거래처와의 갈등, 직원들 간의 스트레스 등으로 승화되고 발전된다. 술을 먹지 않아도 이야기가 술술 나오는 것이다. 한 시간짜리 드라마로

무한 공감대를 형성하는 이 순간들이 어쩌면 부부생활의 활력소인지도 모른다. 관계에서 서로 대화가 통한다는 느낌을 갖는 것은 매우 중요한 일이기 때문이다.

드라마를 보고 있는데 갑자기 볼일이 급해졌다.

"자기야, 화장실 좀 갔다 올 테니까 어떻게 된 건지 이야기 해줘야 돼."

아내에게 당부한 뒤 서둘러 볼일을 끝내고 와 묻는다.

"어떻게 됐어?"

"나중에 말해 줄 테니까 일단 그냥 봐."

하지만 내가 누군가. 궁금한 건 그냥 못 참는 대한민국 남성의 표본 아닌가.

"어떻게 됐냐니까?"

아무리 졸라도 아내는 본 체도 하지 않는다.

"여기 중요한 장면이니까 좀 있다 얘기해 줄게."

남자가 칼을 뽑았으면 적어도 세 번은 찔러 봐야 하는 것 아니겠는가. 나는 다시 묻는다.

"그래서 남자 주인공이 지금 왜 저런 말을 하는 거냐고?"

시끄럽게 보채는 나를 째려보며 아내가 앙칼진 목소리로 한마디 던진다.

"아이 참, 그냥 보라니까! 애도 아니고!"

상황 종료.

나처럼 이런 남성들과 달리 여성들은 흐름이 끊기더라도 그 과정을 유추해 연결해 내는 데 탁월한 능력을 가지고 있다. 중간에 공백이 있

86

으면 도저히 스토리를 이해하지 못하는 남성들과 달리 전화를 받으면 서도, 저녁 준비를 하면서도, 아기를 어르고 달래는 와중에도, 택배 물품을 수령하면서도 이야기 구조를 모두 장악하고 파악한다. 그리고 "도저히 이해 못하겠는데 저 장면은 왜 그런 거야?" 하고 물으면 드라마가 끝난 뒤 해설자처럼 시원하게 설명해 준다. 그런 능력은 대체 어디서 나오는 것일까.

재계를 대표하는 이건희 회장의 지시로 삼성에서는 여성 경영자 육성을 위해 팔을 걷어붙이고 있다. 단순히 남녀의 비율 균형을 위한 지시는 아닐 것이다. 21세기 감성적 창조경영을 위해서는 여성의 능력이 더욱 요구된다는 사실을 인지한 결과가 아닐까. 그 비밀의 하나가바로 드라마다.

잠시도 집중하지 않으면 스토리가 어떻게 전개될지 알 수 없는 곳이바로 비즈니스 세계다. 그곳에는 절대 지존이면서도 경쟁자들에게 늘위상을 위협받는 사자와 음흉하고 약삭빠른 하이에나, 동급의 강자 표범, 수면 밑에서 날카로운 이빨을 드러내며 먹이를 기다리는 악어, 저돌적인 코뿔소 등과 같은 여러 종류의 인간 군상들이 존재한다. 그렇다보니 예측할 수 없는 미래와 온갖 돌발 상황이 수시로 일어난다. 그런격변의 시장에서 명쾌한 결말을 좋아하는 남성들과, 여러 변수가 일어나는 드라마틱한 상황에 익숙한 여성들과의 매운 싸움이 벌어진다.

단기전이 아닌 장기전을 요구하는 전투에서 신맛, 쓴맛, 짠맛의 다양한 드라마 콘텐츠를 통해 공감대 페이소스에 단련되어 있는 여성들과의 일전!

바주카포와 대포로 오로지 제일 큰 것 하나를 명중시키기 위해 전투를 벌이고, 폐부 깊숙이 박힌 총탄의 상처를 애꿎은 담배와 술로 덮으며 벌건 눈으로 다음날 사우나에서 하루 업무를 시작하는 남성들.

작디작은 카빈 소총 한 자루가 전부지만 치밀한 계획 속에 끈질기고 연속적인 총격으로 결국 원하는 치명상을 입혀 쓰러뜨리고는, 화장실과 찻집에서의 건전한 뒷담화를 통해 카타르시스의 전우애로 반목 끝에 화합하는 여성들.

이 게임의 결말이 정말 궁금하지 않은가.

3
세계 경제 걱정하기 전에 애들 학원비부터 알자

40대에 들어서면서 슬슬 뱃살이 나오기 시작한다. 희한하게도 다른 데는 살이 찌지 않는데 유독 아랫배만 불러온다. 이러다 올챙이배처럼 되는 게 아닐까 심히 걱정이다.

　건강도 챙기고 뱃살도 뺄 겸 날씨 좋은 주말, 산에 올랐다. 아, 초입부터 오르막길이다. 벌써부터 호흡이 가쁘고 온몸에 땀이 흥건하다. 그러게 아내 말대로 평소 체력 관리 좀 해둘 걸 그랬다는 후회가 밀려온다. 그렇지만 먹고살기도 바쁜데 운동할 시간을 낸다는 게 어디 쉬운 일인가. 비 오듯 쏟아지는 땀도 닦을 겸 중턱쯤에서 잠깐 쉬어 가기로 했다. 그때 앞서 자리한 두 여인이 나누는 말소리가 도란도란 들려왔다.

　"은희 엄마, 이번에 고추 싸게 샀다면서?"

뜬금없이 산에서 고추라니. 그러자 상대방이 자랑스럽게 대꾸를 한다.

"열 근 샀는데, 싸게 샀잖아!"

무슨 엄청난 비밀이라도 되는 양 주위를 둘러보며 은밀히 화답을 하자 질문했던 여인이 무척이나 부러운 모양이다.

"어디서 샀는데? 나도 좀 알려줘."

원, 이 경치 좋은 곳까지 와서 뭐 할 이야기가 없어 고추 타령이나 하고 있나 싶어 발걸음을 재촉한다.

천 근 같은 몸을 이끌고 겨우 정상에 다다랐다. 역시 산은 정상에 올라섰을 때가 제 맛 아니겠는가. 먼저 도착한 몇몇 남자들이 "야호" 하며 합창을 한다. 남자들은 그 소리에 자신들만의 기세를 멀리멀리 실어 보낸다. 현실의 벽에 억눌려 있던 야수의 본능이 발동한 것일까. 먹이 사냥을 끝내고 포효하는 짐승처럼 승리의 자축연을 벌이는 가운데 한쪽에서는 나이가 지긋한 두 명의 남자가 바닥에 주저앉아 담소를 나누고 있다.

"오늘 신문 1면 봤어? 여전히 건재한 스티브 잡스의 잔상殘像으로 우리나라 IT 산업이 휘청거린다는 거 말이야."

삼성전자, LG 디스플레이 등 한국 대표 기업들의 영업 이익이 적자인 상황에서도 애플은 아이폰, 아이패드 등의 제품을 내세워 최대 실적을 경신하고 있다는 내용이었다. 이야기를 전해 들은 상대방이 덩달아 흥분해서 한마디 던진다.

"그게 말이 돼? 나 참, 그렇게 똑똑한 인재 한 명이 몇만 명을 먹여

90

살린다는 게 괜한 말이 아니라니까. 내가 누누이 말했지만 우리나라 현재의 입시 제도로는 국제 사회에서 게임이 안 된다고. 창의는 무슨 얼어 죽을 창의!"

경제에서 시작된 이야기는 어느새 교육 정책에 관한 내용으로까지 확대되어 두 사람은 열을 내며 대화를 계속했다.

'그럼그럼! 짜잘하게 고추 이야기나 주고받는 것보다는 거시적인 안목으로 자라나는 청소년과 이 나라 비전에 대해 이야기를 나눠야지.'

같은 남자라고 왠지 모를 뿌듯함을 느끼며 나도 몰래 괜스레 어깨가 으쓱해졌다. 그런데 정말 이게 진정으로 나라를 걱정하고 우리의 아이들을 위하는 행동일까.

망원경으로 보는 남자

30대의 마지막 해를 보내며 차 과장은 점점 불안해지기 시작했다.

'내년이면 마흔인데 뭔가 새롭게 시작해야 되는 거 아닌가.'

지나온 30대의 삶을 돌아보니 왠지 모를 허망함이 거세게 밀려왔다. 무엇 하나 번듯하게 이뤄놓은 것도 없는 데다 오르는 전세 값에 집은 점점 경기도 외곽으로 밀려나고, 마이너스 통장은 잔고가 바닥이며 커가는 아이들 학원비 대기도 늘 허덕인다. 오늘도 끊어야지 끊어야지 하면서 술잔을 기울이며 나오는 건 한숨뿐이다. 사람들이 흔히 말하는 것처럼 갱년기에 접어든 탓일까. 울적한 기분이 날로 더해 간다.

차 과장은 결국 40대에 들어섰다. 받아들이고 싶지 않은 마흔 살의 새해가 밝은 것이다. 보통 뭉뚱그려 아저씨라 칭하는 그들의 대열에 마침내 그도 합류하게 됐다. 중년이라는 시간. 과연 어떤 세상이 펼쳐질까.

차 과장은 가슴이 답답해진다. 예년과 달리 해가 바뀌는 게 적지 않은 무게감으로 다가온다. 커다란 바윗덩이 하나가 가슴에 얹힌 것만 같다. 올해는 어떤 목표를 정해야 하나. 한 해를 또 어떻게 살아야 하나. 막막한 가운데 그래도 무언가 새롭게 시작해야 한다는 의무감에 떠밀리듯 책 한 권을 집어 든다. 그리고 곧 그는 쾌재를 불렀다.

'그래 이거야!'

자신의 꿈을 시각화하는 작업을 하면 반드시 이뤄진다는 주석이 달린 모치즈키 도시타카의 『보물지도』라는 책이었다.

차 과장은 문구점에 들러 커다란 종이 한 장을 샀다. 그리고 집으로 돌아와 인터넷을 뒤져 자신이 이루고 싶은 꿈이 담긴 사진들을 찾아 프린트를 했다. 그리고는 사들고 온 커다란 종이 위에 그것들을 붙이기 시작했다.

'뭐니뭐니 해도 로또 당첨이 최고지!'

차 과장은 로또만 당첨되면 평소 자신을 못마땅히 여겨 사사건건 시비를 걸던 그놈 얼굴에 냅다 사표를 집어던지리라 다짐한다. 생각만으로도 기분이 좋아지는 것 같았다. 다음으로는 승진의 꿈을 붙였다. 쾌속 진급을 거듭하는 입사 동기 녀석 꼴 보기 싫어서라도 반드시 올해는 승진을 하고 말리라 다짐한다.

다음은 해외여행. 옆집에서 어딜 다녀왔다고 할 때마다 뒷맛이 씁쓸했었다. 살림이 팍팍하긴 하지만 그래도 폼 나게 해외여행 한번 가 줘야 아내한테도 볼 낯이 서지 않겠는가. 차 과장은 꿈의 목록에 멋진 자동차도 붙였다. 타고 다니는 자동차가 너무 낡아 터널을 지날 때마다 멈추기라도 하면 어쩌나 늘 불안했다. 차 과장은 집도 대한민국 최고 부자들이 산다는 강남으로 옮기고, 골프도 해보리라 꿈꾼다. 그리고 평소 눈여겨 봐 두었던 신사업에 진출해 자신이 쌓아 온 노하우를 바탕으로 멋진 블루오션을 창출하는 CEO가 되겠다는 꿈도 떡 하니 붙인다.

그는 절로 신이 났다. 어릴 적 좋아하는 놀이에 빠져 동심으로 돌아간 듯 혼자 희희덕거렸다. 금세라도 꿈이 이뤄질 것만 같았다. 바라보는 것만으로도 흐뭇함을 느끼며 공들여 작업한 자신의 작품을 어디에 전시할지 두리번거리다가 거실에 떡 하니 붙여 놓고는 아내를 불러 세운다.

"여보! 이것 좀 봐."

"뭐예요, 이게?"

미심쩍은 눈으로 바라보는 아내를 향해 차 과장은 보물섬이라도 발견한 양 침을 튀기며 열변을 토한다.

"쉰 살까지 이룰 나의 꿈이야. 이걸 매일 바라보고 생각하면 꿈들이 이뤄진대. 이대로만 되면 정말 좋겠지? 조금만 기다려 봐. 자기가 동창회 갔다 와서 그렇게나 부러워하던 친구네 집쯤 아무것도 아닐 테니까."

그런데 남편의 노고와 뜨거운 열정의 파노라마에 아내가 이내 찬물을 끼얹는다.

"한심하기는! 뭘 하나 했더니 이런 장난이나 하고 있고. 당신의 이 허무맹랑한 소원이 이뤄지면 내가 손에 장을 지진다. 생각만 하면 뭐 하냐? 작은 것 하나라도 당장 실천을 해야지. 그럴 시간 있으면 된장찌개 끓이게 마트에 가서 감자랑 고추나 사 와!"

호응은 못해 줄망정 악담을 퍼붓다니, 아내의 행동에 순식간에 기분이 팍 가라앉고 만다.

'하여튼 여자들이란 어쩜 저렇게 근시안적인지, 뱁새가 봉황의 깊은 뜻을 알 리가 있겠냐.'

차 과장은 자신의 꿈이 이뤄지기만 하면 그땐 국물도 없을 테니 두고 보라며 아내에게 으름장을 놓고는 주섬주섬 점퍼를 챙겨 입으며 아내를 향해 손을 내민다.

"돈 줘야 사 오지."

현미경으로 보는 여자

'저 인간이 또 무슨 꿍꿍이를 부리는 거지?'

나 여사는 아침부터 골방에 들어앉아 문까지 걸어 잠근 남편이 영 마음에 들지 않는다.

30대의 마지막 젊음이 아쉽다는 핑계로 12월 한 달 내내 술만 퍼마시더니 오늘은 일찍부터 일어나 방 안에서 뭘 그렇고 하고 있는지 도대체 알다가도 모를 일이다.

그녀는 밤새 잠을 이루지 못했다. 어제 한 해의 재무 상태를 결산한 결과 수입보다 지출이 훨씬 많았다. 예상치 않게 시어머니가 입원해 병원비가 지출된 게 아무래도 타격이 컸다. 시집 식구들은 나 여사 부부가 떼돈이라도 번다고 생각하는 모양이었다.

"너희는 둘이 같이 버니까 형네보다는 나을 거 아니냐."

입만 열면 으레 하는 시어머니의 말에 속상할 때가 한두 번이 아니었다. 명절에다, 생신에다, 제사에다 챙겨야 할 게 한두 가지가 아니다 보니 생각만 해도 벌써부터 머리가 아프다.

나 여사는 노트를 꺼내 한 해를 구상하고 그에 따른 계획들을 꼼꼼하게 기록한다.

먼저 가족 건강. 나 여사는 뭐니뭐니 해도 건강이 최고라고 믿는다. 시어머니의 경우만 보더라도 평소 멀쩡하던 분이 갑자기 병상에 누워 있는 신세가 되지 않았는가. 남편도 이제 중년에 들어섰고 하니 보약이라도 한 재 해먹여야겠다고 생각한다. 자신의 이런 마음을 아는지, 모르는지 허구한 날 술타령이나 하는 남편 생각에 슬쩍 부아가 치밀지만 마음을 가라앉히고 나 여사는 다시 이런저런 계획과 예상 금액들을 추정한다.

다음은 적금. 아무래도 이번 봄에는 목돈을 쓸 일이 많을 것 같으니 적금을 타면 어디에 어떻게 써야 할지, 또 새롭게 얼마짜리 적금을 몇 년 기한으로 다시 들어야 할지 고민한다.

그리고 소파 구입. 10년 넘게 사용해 낡은 데다 삐걱삐걱 소리를 내는 소파가 못내 걸렸는데 나 여사는 조금 더 크고 보기 좋은 소파로 바꾸었으면 좋겠다고 생각한다.

'집은 어떻게 할까?'

둘이 버는데도 돈 나갈 구멍이 많아 이사할 자금 마련하는 일이 쉽지 않다. 한 번씩 강남의 넓고 좋은 아파트에 사는 친구들을 만날 때마다 나 여사는 자신의 처지가 한심하게 느껴졌다. '아이들 학원도 한 군데씩 더 보내야 하고, 방학에는 어학연수도 가고 싶다니 그것도 준비해야 하고…….' 나 여사는 다시 한 번 지출과 수입을 꼼꼼하게 따져본다. 아버님, 어머님 해외여행도 보내 드리려면 지금의 수입으로는 턱없이 부족하다.

한참을 고민하던 나 여사는 '그래, 소파는 내년에 바꾸지 뭐. 일단 현실적인 앞가림이 우선이니까' 하며 기재한 항목들을 하나하나 다시 체크한 뒤 미룰 수 있는 항목들에 꼭꼭 눌러 'X'표를 했다.

점심 무렵이 훌쩍 지나서야 남편이 방문을 열고 나왔다.

철없는 아이 같은 표정을 한 남편을 보자 나 여사는 아들 하나 더 키운다 싶은 생각에 가슴이 답답했다. 또 무슨 일을 벌이는 건지 조심스레 한숨부터 나온다.

"여보! 이것 좀 봐."

남편이 더덕더덕 붙여 놓은 종이 쪼가리들을 가리키며 흥분한 말투로 자랑을 늘어놓는다.

'정말 저 꿈들을 다 이룰 수 있다고 생각하는 건 아니겠지?'

솔직히 저대로만 된다면야 싫을 일이 뭐겠는가. 하지만 현실적으로 불가능한 일이라는 것을 잘 아는 나 여사에게는 모든 게 뜬구름 같은 이야기일 뿐이다. 당장 올해 갚아야 할 전세 대출금이 얼마인지 남편이 알고나 있었으면 좋겠다고 생각한다.

'꼬르륵!' 순간 나 여사는 허기를 느낀다. 그러고 보니 아침을 건너뛰었다. 나 여사는 된장찌개나 끓여야겠다며 주방으로 향한다.

꿈을 좇는 남자 vs 현실을 보는 여자

남자들은 거시적, 장기적, 이상적이라는 표현을 좋아한다. 차 과장도 마찬가지다. 그가 평소 품고 있는 상징적인 존재는 그리스 신화에 나오는 이카루스다. 하늘을 향해, 태양을 향해 거침없이 날아오르며 끝없이 전진해 나가는 그 포스. 그래서인지 남자들은 대체로 눈앞에 닥친 현실보다는 저 멀리 잡히지 않는 꿈을 좇는 경향이 강하다. 덕분에 현실에 만족하기보다는 뭔가 벌어지지 않은 색다른 일을 벌이기를 원한다. 시험 삼아 주말에 경기도 과천에 있는 경마장에 한번 가보라. 대박을 꿈꾸는 자들의 핏빛 어린 눈망울들이 얼마나 가득한지. 여느 도박장도 마찬가지다. 이런 남편에게 오늘 나 여사가 단단히 할 말이 있다고 한다. 한번 들어 보자.

"여보세요, 차 과장님! 세상은 당신처럼 어줍잖게 거시적임을 자랑하는 남정네들보다 가까운 현실을 세세하게 헤아리는 우리 여성들이 만들어 나간다는 걸 알기나 합니까? IMF로 나라가 어렵다고 모두가 난리일 때 당신은 뭐했어요? 어떻게 우리나라를 이 지경으로 만들어 놨냐고 화나 내며 당신들이 나가서 술 퍼마실 때 우리 여자들은 시집 올 때 해온 패물 들고 나가 금 모으기 운동에 동참했다고요. 덕분에 다른 나라들로부터 대한민국의 저력을 높이 평가받았다는 거 당신도 모르진 않을 겁니다.

이번 평창 올림픽 개최지 선정만 해도 그래요. 자랑스러운 우리 두 여성들이 프레젠테이션을 정말 멋들어지게 해서 그나마 삼수 도전 끝에 해낸 거 아니냐고요. 그리고 광우병 파동 때 누가 맨 앞에 섰어요? 바로 우리들이잖아요. 눈에 넣어도 아프지 않을 아이들까지 담보로 거리에 나섰다고요. 이상, 꿈 다 좋아요. 하지만 어떤 게 우선인지 한번 자문자답해 보시죠. 핏대 올리며 보이지 않는 신기루에 열변을 토하기 전에 우리 앞에 놓인 담보대출금이나 먼저 해결하란 말입니다.

말이 나왔으니 한마디 더합시다. 내가 멀리 볼 줄 몰라 시야가 좁다고 했죠? 맞아요. 그 대신 남자들과는 달리 현실 앞가림은 잘하고 산다는 걸 아셔야죠. 당신이 그 잘난 입으로 나라 경제 들먹일 때 나는 애들 교육비 걱정해요. 우리 애들 학원비가 한 달에 얼마나 드는지 당신이 알기나 하냐고요.

당신이 비즈니스라는 명목으로 술집에다 돈을 덤터기로 갖다 안길 때 나는 두부 한 모, 파 한 단 사는 데도 벌벌거리며 푼돈이라도 모아 살림에 보탠다고요. 당신이 일요일이면 할 일없이 방바닥에 누워 리모컨 붙들고 씨름할 때 나는 뭐하는 줄 알아요? 마트 세일 시간 맞춰 달려가 치열하게 싸워가며 싼 물건 건져 온다고요. 당신이 하루에 담배

한 갑씩 아무렇지 않게 펴 없앨 때 나는 미용실 비용 아까워 오랫동안 풀어지지 않는 뽀글이 파마 하고 있다고요. 당신이 해외 출장 가서 우리 아버지 드린다고 양주 사들고 와서 유세 떨 때 나는 다달이 시어머니 용돈 챙겨 드리느라 등골이 휜다고요. 그런 이야기를 왜 안 했느냐고? 치사해서 그런다, 왜!

그리고 올해 여름휴가 때 어머님, 아버님 해외여행 가시고 싶다는데 당장 그 경비는 어떻게 할 겁니까? 회사가 어려워서 힘들 것 같다고요? 며느리인 나는 잘난 월급 쪼개서 푼푼이 모아 뒀던 거 내놓을 생각하고 있는데, 아들이라는 사람이 참 어이가 없네요.

자유 시장 경제에서 소비 물가 지수의 주요 요인이 누군 줄 알아요? 우리들이에요. 우리가 허리띠 졸라매고 가정 경제를 긴축 모드로 바꾸면 당신들이 그래프 그리며 고민하는 내수 시장이 회복되질 않는다고요.

마지막으로 말이 나왔으니 하는 말인데, 당신이 그렇게 좋아한다는 이카루스 있지? 그놈이 얼마나 허황된 꿈을 꾼 줄 알아요? 결국에는 너무 높은 꿈과 이상만 좇다가 날개가 녹아 추락한 거잖아요. 당신도 그렇게 될지 모르니까 조심하는 게 좋아요!"

4

다림질하면서 찌개도 끓이고
전화도 받는 법

피카소의 〈황소 머리〉라는 작품을 본 적이 있는가. 이 작품의 모티브
는 단순하다. 단지 자전거의 안장 위에 핸들을 거꾸로 붙인 뒤 '황소
머리'라는 이름을 달아 사람들에게 경매를 붙였을 뿐이다. 작품의 설
명을 듣고 난 이들의 반응은 한결같다.

"나 참, 어이가 없다."

"저게 무슨 작품이라고."

"그럴 것 같으면 나도 만들겠네."

그런데 이 작품이 293억 원이라는 거액의 금액에 낙찰되었다는 사
실을 아는가. 입이 쩍 벌어질 금액이다. 중요한 점은 누구나 마주쳤을
자전거가 장인의 손을 거치면서 하나의 작품으로 탈바꿈했다는 사실
이다. 피카소는 말한다.

"당신들은 보고 있어도 보고 있지 않다. 그저 보지만 말고 생각하라. 표면적인 것 배후에 숨어 있는 놀라운 속성을 찾아라."

본다는 것을 넘어 그 내면의 본질적인 다양한 속성을 찾는다는 것. 쉽지 않은 일이긴 하지만 의외로 이런 일을 익숙하게 해내는 이들이 있다.

다채널 vs 단일 채널

월말 마감 후 부서 회식. 주문한 소고기가 나오자 여성들이 탄성을 지른다.

"아유, 마블링이 좋아 보이네."

"아줌마, 이거 한우 맞아요? 요새 워낙 가짜가 많아서."

고기에서 시작된 대화가 한 차례 이어지고 한두 잔 술잔이 오가자 갖가지 화제가 본격화된다.

"한우는 횡성이 맛있던데."

"아참, 미선 씨. 지난주 결혼식 이후 첫 집들이 치렀다며. 어땠어?"

"아유, 말도 마세요. 얼마나 힘들었는데요."

"이 대리는 최근 더 예뻐졌는데, 무슨 좋은 일이 있는 모양이지?"

"아이가 이번에 좋은 고등학교에 들어갔다면서. 아유, 얼마나 좋아. 자식 속 안 썩히지, 남편 척척 돈 잘 벌어오고 바람 안 피우지, 김 차장은 복 터졌어!"

"며칠 전에 새로 개봉한 영화 봤는데, 세상에 어쩜 그럴 수가 있어요."

"차례 상 준비하는데 얼마나 살 떨리는지 알아요? 세상에 왜 그렇게 물가가 오르는 거야!"

"팀장님, 어머님은 어떠세요? 뭐니뭐니 해도 건강이 최고예요."

"24평 아파트에서 이번에 30평대로 이사했다면서? 아유, 재주도 좋아! 비법이 뭐야?"

남성들은 다채널의 주제가 동시 다발적으로 이뤄지는 여성들의 이런 대화 마당에 껴 있다 보면 무슨 별천지 세상에 온 것 같은 느낌을 갖는다. 끼어들 틈을 못 찾아 듣고만 있노라면 세상에 일어나는 온갖 이슈들이 화려한 날개를 달고 다시 날아오른다. 그럼에도 신기한 것은 이리 갔다 저리 갔다 방향을 못 잡고 헤매는 것 같은데도 참석한 여성들은 그 내용과 핵심을 모두 알아듣고 공감하며 몰입한다는 것이다. 하지만 남자들은 도무지 무슨 내용인지 알아듣질 못하고 주변만 맴돌다가 급기야 두통에 시달린다. 그룹 속에 끼지 못하는 것은 당연지사다.

반면 남자들의 대화는 대개 표면적인 한 가지 채널에 대한 반응과 화답으로 포석이 이뤄지고 형성된다.

"이번 대통령 선거 어떨 것 같아? 김 차장은 누굴 뽑을지 정했나?"

"네. 마음에 두고 있는 후보가 한 명 있습니다."

"그래? 신중하게 선택하도록 해. 그래서 말인데 요새 정치가 좀 그렇지 않나? 정권 말기가 되어서인지 모든 게 느슨해지고, 다음 달이면 대중교통 요금도 줄줄이 오르고 공공요금도 인상된다는데 걱정이야."

102

"맞아요, 부장님. 월급은 그대로고 물가만 앞서가니. 그렇다고 최소한도의 생활비를 더 줄일 수도 없고요."

"그래, 이 대리도 이번에 전세 만기라서 집 구하고 있다고 들었는데."

"예, 걱정이에요. 매스컴에서는 전세 대란이라고 하는데 실세로 부동산엘 나가 보면 나온 물건이 없어요. 그렇다고 계속 살기에는 반월세가 너무 부담스럽고요."

"갈수록 힘들어지는 세상이야. 오늘 만이라도 근심 따위 벗어버리고 술이나 한잔 하자고."

"원 샷!!!"

여자들에 비해 심플한 화제로 이뤄지는 이런 대화는 분명 장점이 있다. 빠른 전개 구조 아래 신속한 결정을 내리기에 최적이다. 하지만 세상이 변했다. 텔레비전에 비유하자면 고작 몇 가지 채널의 공중파 방송이 전부이던 시대를 지나 소비자들의 다양한 트렌드와 욕구에 맞춘 수백 가지의 채널이 생겨난 것처럼.

'못 먹어도 고'를 외치던 시절은 갔다

목표가 중시되었던 산업화 시대에는 추진력과 카리스마를 가진 이들, 즉 남성들의 역량이 절대적인 호응을 얻었다. '원 샷One shot, 원 킬One kill'로 대변되는 그들의 특성이 반영된 탓이다. 하나의 골을 목표로 줄기차게 전진하는 성향의 남자들은 어쨌든 '못 먹어도 고'를 외친다.

칼을 뽑았으면 무조건 썩은 무라도 잘라야 직성이 풀리는 것이다. 이런 특성은 대한민국 20세기 후반의 격동기 동안 충분히 능력을 발휘했다. 박정희 대통령의 재임기간 동안 이뤄진 경제개발계획 시절, '잘 살아보세'라는 일관된 사명과 하면 된다는 신념으로 맨땅에 고속도로를 뚫고 제철소를 건립해 선박을 만들어 내고 인력을 수출해 달러를 벌어 들였다. 오직 하나로 뭉쳐 대동단결의 정신으로 모든 것을 추진했다. 그 덕에 우리나라는 현재 세계 시장에서 10위권 내외의 경제적 위상을 차지하고 있다.

이 같은 남성의 특성을 위의 사례를 들어 순차적으로 전개해 보자.

첫째는 내재된 동기다. 박정희 대통령 정권 시 실시된 새마을운동의 모토는 우리도 한번 잘살아 보자였다. '새벽종이 울렸네. 새아침이 밝았네'로 시작되는 노래 가락은 전 국민을 하나로 만들었고, 그들은 흰 쌀밥에 고깃국 먹는 한결같은 소원을 꿈꾸었다.

둘째는 정보 수집이다. 박정희 대통령은 인력 수출에 나선 광부와 간호사들을 격려하기 위해 머나먼 나라 독일로 떠났다. 그리고 당시 독일 대통령으로부터 진심 어린 조언 하나를 듣게 된다. 대한민국이 가난에서 벗어나려면 고속도로를 뚫고 제철소 등을 건립해야 한다는.

셋째는 액션이다. 그랬다. 대한민국에는 산업화가 절실히 필요했다. 하지만 가장 중요한 자본이 없었고 기술력도 부족했다. 그렇기에 남성들의 절대적인 능력이 이 부분에서 발휘된 것이다. 군대 문화로 대변되는 '하면 된다'는 무조건적인 신념으로 산을 뚫어 경부고속도로 개통이라는 기적(차후 보수 공사 및 관리비가 배로 들기는 했지만)과 포항제

104

철소 건립이라는 신화를 만들어 냈다. 거기다 황무지 맨땅에서 배를 만들기 시작했다.

넷째는 목표 달성이다. 경제개발 5개년 계획 아래 이뤄진 여러 사업들은 현재의 대한민국이라는 거대한 브랜드를 만드는 동력이 됐다.

이것이 바로 남자의 힘이고 맨 파워다. 그런데 그런 그들이 무너지고 있다. 그토록 고생하며 가족을, 나라를 위해 자신의 모두를 걸었던 남성의 위상이 변하고 있는 것이다. 현 세태를 가장 빠르게 반영한다는 드라마나 영화 속에서 다뤄지는 아버지들의 모습을 보라. 가진 것 없어도 당당하고 위엄 있던 그들이 사업에 실패해 나락으로 떨어져 가족들로부터 인정받지 못하고, 변변한 직업 하나 구하지 못해 구차하게 살아가는 그런 모습으로 그려지고 있다. 그 이유가 무엇일까. 있는 그대로의 현재의 실상을 반영한 것일까. 아니면 떠오르는 여성 파워에 대비하라는 경각심을 심어 주기 위해서일까.

여자들은 아줌마가 되면 멀티플레이어가 된다

여성들은 남성들처럼 단순한 한 가지 포맷으로 형성된 지원 체계가 아니라, 복합적으로 두뇌를 프로그래밍해 창출하는 구조를 가지고 있다. 여성의 주 종목 중 하나인 요리라는 테마를 통해 이를 살펴보자.

첫째는 내재된 동기다. 가부장적인 사회에서 여성의 최우선 임무 중 하나는 어떻게든 가족들을 배고프지 않게 하는 것이었다. 재료의 유무, 속성 등을 따질 형편이 아니었으므로 무엇이든 먹거리를 만들어 내야 했다.

둘째는 정보 수집이다. 요리 비법은 주로 친정어머니와 시어머니의 입을 통해 전수받았다. 그녀들이 시연하고 전달하는 내용을 잘 듣고 기억하는 게 최선의 방법이었다. 남성의 전방위적 인맥 수집과는 달리 가까운 사람들을 더욱 신뢰하며 관계의 폭을 깊게 하는 여성들의 특성이 이로부터 비롯된다.

셋째는 레시피다. 앞의 두 단계가 남성과 동일한 맥락을 이루고 있다면, 그들과는 다른 창조적 행위가 발휘되는 것이 이번 단계다. 레시피란 음식의 조리법을 일컬으며, 여기에는 해당 요리에 필요한 각종 재료도 포함된다. 즉, 남성의 '액션'이라는 용어가 외형적인 조리법만을 뜻한다면, 여성성을 대변하는 '레시피'라는 용어는 원재료를 포함한 통합적인 산물을 의미한다. 다시 말해 남성에게는 강한 어조의 'What(무엇)'이라는 단어에 입력된 코드가 존재한다면, 여성은 'How(방법)'라는 단어의 보물섬을 가지고 있다고 볼 수 있다. 그렇기에 목적성이라는 코드에서 볼 때는 남성의 존재가 우월해 보이지만, 가변적인 상황 아래서 풀어내는 응용법상에서는 여성의 '어떻게'라는 코드가 빛을 발한다.

시험 삼아 오늘 저녁 상을 준비하는 아내의 뒷모습을 훔쳐보라. 마늘, 생강, 파, 고춧가루, 육수 등 갖은 양념들을 정성껏 다듬어 씻고 썰고 무치고 볶고 끓인다. 그 과정 속에 적정하게 물의 양을 맞추고 불의

106

세기를 조절하며 시간을 가늠한다. 그렇게 뚝딱 저녁을 만들어 내는 아내의 모습은 유명 셰프도 울고 갈 정도로 능수능란하다. 똑같은 재료를 가지고도 자신만의 손맛으로 특유의 맛을 만들어 내는 여성들의 속성은 현시대가 요구하는 인재상과 절묘하게 맞아 떨어진다.

넷째는 나눔이다. 남성이 목표 달성이라는 성과 자체에 매몰되어 있다면, 여성은 혼자가 아닌 공동체와의 나눔이라는 키워드를 중요시 여긴다. 요리라는 무형의 존재는 만드는 당사자도 중요하지만 그것을 맛있게 먹어 주는 동반자의 필요성과 중요성도 무시할 수 없다. 그럼으로써 그 요소는 유형이라는 날개를 달고 그 이상의 시너지를 창출한다.

여성의 이 같은 특성이 요리에서만 드러나는 것은 아니다. 이는 현시대를 반영하는 다음과 같은 복잡다단한 상황 속에서도 여실히 드러난다.

결혼 3년차 이경숙 씨는 아기를 출산한 지 몇 개월 되지 않았다. 수유를 하느라 정신이 없는 가운데 시어머니에게서 온 전화를 받는다.

"어미야, 몸은 좀 어떠냐? 아기는 잘 크고?"

"네! 어머님이 신경 써 주신 덕분에 잠도 잘 자고 잘 크고 있어요."

대화중에 인터폰이 울린다.

"어머님, 잠시 만요. 누구세요?"

"예, 택뱁니다!"

인터폰을 확인한 뒤에도 전화 통화는 계속해서 이어지고 그 와중에 젖병을 소독하느라 가스레인지 위에 올려놓은 냄비의 불을 줄인다.

이윽고 울리는 초인종 소리. 문을 열어 주고 물건을 확인한다.

"사인은 여기다 하시면 됩니다."

"아, 예."

그리고 다시 이어지는 시어머니와의 통화.

"이번 토요일 아버님 제사 때 제가 뭐 준비하면 될까요, 어머니?"

"준비는 무슨! 몸도 불편하고 아기 보느라 정신도 없는데, 그냥 쉬어라."

"그래도 어떻게……."

전화를 끊은 그녀는 칭얼거리는 아기를 어르며 남편 와이셔츠를 다린다. 그러면서 텔레비전을 틀어 요새 한창 재미를 붙인 아침 방송을 본다. 아기를 달래고 와이셔츠를 다리며 텔레비전을 보고 있는 와중에 다시 전화벨이 울린다.

"오! 은영이구나. 이달 말에 동창회 모임이라고? 그때가 무슨 요일이지?"

다이어리에 사인펜으로 동그랗게 표시를 해두고 모임명과 시간, 장소를 기록한다. 그리고 다시 가스레인지 쪽으로 가서는 냄비의 불을 끄고 다리미 코드를 뽑는다. 이제 집안 청소를 해야 할 시간이다. 아기를 다시 한 번 추스르고 잠깐 한눈을 팔았던 텔레비전을 흘깃 곁눈질로 쳐다보며 청소기를 돌린다. 그러고는 저녁 찬거리를 다듬는다. 오늘은 남편이 좋아하는 김치찌개를 끓일 생각이다.

어떤가. 남자들은 흉내도 못 낼 멀티플레이 아닌가.

미국 러트거스 대학의 인류학과 교수이자 성별 차이의 전문가인 헬렌 피셔 박사는 이와 같은 여성의 멀티적인 능력의 과학적 근거를 이렇게 설명한다. 여성들은 양쪽 뇌를 연결시키는 고속도로와 같은 기관이 남성들에 비해 크기 때문에, 양쪽 뇌 사이의 교통이 보다 원활해 모든 정보들을 환경적인 동시성으로 관찰하고 분석한다는 것이다. 이는 여성들은 한 번에 여러 가지 일을 할 수 있는 반면 남성들은 대개 한 번에 한 가지씩 해야 하는 특성을 설명해 주기도 한다.

스포츠계에서는 각자에게 주어진 고유의 역할이 있음에도 리베로 Libero라는 포지션이 존재한다. 리베로는 이탈리아어로 '자유인'을 뜻하는데, 축구 경기에서 리베로는 최후방 수비수이지만 자기 포지션에 얽매이지 않고 자유롭게 공격에 가담한다. 독일의 베켄바워, 한국의 홍명보 등이 대표적인 사례다. 현대로 갈수록 이 전방위적 능력을 요구하는 역할의 중요성이 커지고 있다. 박지성 선수가 세계 최고의 유럽 무대에서 호평을 받는 이유는 몸을 사리지 않으며 자신의 수비 역할을 수행하는 것 외에도 희생정신과 골 넣는 공격수로서의 본능도 가지고 있기 때문이다.

한 치 앞을 내다볼 수 없는 기업 사회에서도 이는 마찬가지이다. 한 우물을 깊게 파는 것도, 자신의 전문성을 확보하는 것도 의미가 있지만, 통섭通涉의 시대에 이런 업무의 영역만을 고집하는 사람보다는 스펙트럼의 시야로 다양한 역할을 수행하는 전천후 능력자를 선호하는 경향이 높아지기 때문이다.

그런 입장에서 여성들은 남성들과 달리 한 번에 여러 가지 일을 다양하게 수행할 수 있는 능력을 가지고 있다. 다림질을 하면서 찌개도 끓이고 전화도 받고 택배도 수령하며, 아기를 돌보면서 드라마의 끊긴 줄거리의 행간도 읽어 낸다. 남자로서는 도저히 흉내 낼 수도 없는 진화 능력을 가진 그녀들을 보노라면 탄성이 절로 나온다.

로버트 루트번스타인과 미셸 루트번스타인의 『생각의 탄생』에 이런 말이 있다.

"전문가가 아니라 전인全人이 돼라. 경험을 변형할 줄 알고 지식을 통합할 줄 아는 전인들만이 우리를 종합지의 세계로 이끌 수 있다."

우리의 여성들이 바로 전인 아니겠는가.

5
쉬는 날에 보는 영화 한 편은 사치가 아니다

고등학교 3학년, 그해 여름은 무던히도 암울했었다. 무더위, 숨 막힐 것 같은 입시 공부로 돌파구도 없이 어둡기만 했던 그 시절의 소년은 라디오에서 흘러나오는 들국화란 그룹의 「행진」을 들으며 하루를 견뎠다. 노래 가사와 내면으로부터 터져 나오는 목소리에 심취한 여드름투성이 소년은 방문을 걸어 잠그고 볼륨을 높인 채 자유를 갈구했다.

'나의 과거는 어두웠지만 나의 미래는 힘이 들었지만……'

그런 시절을 간직한 소년은 어느덧 '7080'이라는 타이틀의 콘서트에 열광하는 나이가 됐다. 그 시절을 기억하고, 그 시절의 아픔을 치유하며, 그 시절의 사람을 그리워하는 나이. 팍팍한 현실과 애환을 노래 하나로 달래며 다시 힘을 얻어 삶과 어깨동무를 한다. 그러다 가끔씩 그 시절을 그리워하며 무대의 주인공이 되어 자신의 목소리로 목청을 돋

운다.

문화라는 매개체는 한 사람의 일생을 형성시키는 중요한 역할을 한다. 그래서 개인 또는 그 사회의 속성을 파악하는 수단이 되기도 하는데, 『컬처 코드』의 저자 클로테르 라파이유는 이에 대해 다음과 같이 말한다.

우리 주변의 모든 사물은 특별한 의미를 갖는다. 자동차 회사가 파는 건 단순히 자동차가 아니고, 화장품 회사가 파는 건 단순히 화장품이 아니다. 만약 자동차 회사가 파는 게 그저 자동차라면 그저 잘 굴러다니기만 하면 된다. 만약 화장품 회사가 파는 게 단순한 화장품이라고 해도 마찬가지다. 그저 기능만 좋으면 된다. 그러나 사람들은 기능만 찾지 않는다. 사람들은 어떤 사물에서도 특별한 의미를 찾는다. 문화 속에서 성장했고 문화 속에서 살기 때문이다.

독일 베를린에서 열린 'IFA(Internationale Funkausstellung) 2012' 삼성전자 생활가전 부스 현장. 이곳에 유럽인들의 시선이 쏠렸다. 이유인즉 첨단 디스플레이어 전시와 다양한 이벤트들이 함께 공연되었기 때문이다. 버블맨쇼, 쿠킹쇼에 이은 난타 공연까지 화려한 볼거리가 꽤나 매력적이었다. 가전제품 전시 행사에서 문화 프로그램이 열린다는 것은 어떤 의미일까.

브랜드로 혹은 품질이 좋아서 구매한다는 단순한 논리에서 벗어나 고객들의 감성을 사로잡는 제품만이 살아남는 시대가 되었기 때문이

112

다. 제품 간 비교우위가 힘든 현실에서 구매자들의 지갑을 열기 위해서는 그들에게 어필할 수 있는 시각, 청각, 미각, 후각 등의 오감을 자극하는 마케팅이 병행되어야 한다. 이제 기능과 제품력만이 능사는 아니다. 고객들은 그 제품을 통해 즐거움과 환상을 느끼는 것은 물론, 나아가 그 제품과 자신을 동일시함으로써 자신의 구매 선택에 만족감을 느끼는 세상이다. 그렇기에 우리는 이를 대비하는 내공을 키워나가야 한다. 그리고 그것은 바로 우리들의 일상에서 시작된다.

문화, 변화를 일으키는 힘

몇 년 만에 아내와 단 둘이 영화를 보러 갔다. 피곤하다는 핑계로, 바쁘다는 핑계로 차일피일 미루다 보니 그렇게 됐다. 영화 한번 보는데도 이렇게 벼르고 별러 큰맘을 먹어야 하다니. 그나마도 할인 쿠폰이 있어서 겨우 몸을 움직인 자신이 해도 좀 너무한다 싶었다. 극장은 연휴를 즐기려는 사람들로 꽤나 붐볐다. 티켓을 구매하기 위해 줄을 서 있다 보니 문득 아득히 먼 시절의 기억 하나가 떠올랐다.

"진짜 들어갈 수 있어?"
"글쎄, 나만 믿으래도."
"들키면 선생님한테 맞아 죽는데, 진짜 괜찮아?"
까만색 교복을 입은 아이는 친구의 손에 이끌려 마지못해 극장으로 들어섰다. 미성년자 입장불가라는 단단한 성벽을 뛰어넘어 몰래 들어선 극장은 어두운 긴장감으로 가득했다. 두근대는 가슴을 애써 진정하고 맨 뒷자리에 앉았다.

상영하는 프로는 당시 남성들의 로망, 섹시한 여배우의 상징이었던 실비아 크리스텔의 〈개인 교수〉였다. 영상이 이어지며 에로틱한 장면들이 연출되자 소년의 가슴이 방망이질 치기 시작했다. 소년은 질끈 눈을 감았다. 그만 나가고 싶었다. 하지만 그것도 잠시. 수컷의 원초적 본능에 충실했던 소년은 순식간에 경험해 보지 못한 미지의 세계로 빨려 들어갔다.

"뭐하는 거야? 들어가지 않고!"

아내의 목소리에 도둑질하다 들키기라도 한 것처럼 헛기침을 해댄다. 순간 이방인처럼 느껴지는 이 기분은 왜일까? 자꾸만 뒤통수를 잡아끄는 이 느낌은 뭐지? 저만치 앞장 선 아내는 나와 달리 꽤나 익숙한 모습이다. 극장은 모든 게 많이 달라져 있었다. 무인 티켓 시스템과 팝콘을 비롯해 군침을 돌게 하는 먹거리 등이 후각을 자극한다.

드디어 영화가 시작됐다. 다문화 가정에서 성장해 살아가는 학생과 깊은 사랑으로 아이를 이끌어 주는 선생님의 이야기가 유쾌하게 펼쳐지는 〈완득이〉라는 영화였다. 촘촘한 스토리가 주는 힘 때문인지 가슴이 뭉클하고 따뜻함의 온기가 밀려와 가슴이 훈훈해지는 영화다. 만 원도 안 되는 돈으로 이런 감동을 느낄 수 있는 게 또 뭐가 있을까. 앞으로는 좀더 자주 이런 기회를 가져야겠다고 생각해 보지만 얼마나 실행에 옮길 수 있을지는 솔직히 알 수 없다.

극장을 나온 우리는 젊은이들이 주로 찾는다는 냉면집을 찾았다. 단일 메뉴인 냉면을 시키고 기다리고 앉았노라니 왠지 연애할 때로 돌아간 듯한 기분이 든다.

"자기야, 나오니까 좋지? 한 달에 한 번이라도 이렇게 영화도 보고 문화생활도 하자. 어때?"

가슴이 뜨끔하다. 하지만 "그래, 그러자!"라는 말이 생각처럼 얼른 입 밖으로 나오지 못한다.

가와기타 요시노리의 『마흔 살의 철학』은 문화생활에 대한 남녀 간의 차이점에 대해 다음과 같이 소개한다.

최근 대학의 한 연구소에서 40대 남성 1000명을 대상으로 설문조사를 실시했다. "1년에 영화, 뮤지컬, 연극, 미술 전시회 등과 같은 문화 행사에 1회라도 참여한 적이 있는가?"라는 질문에 "참여한 적이 있다"고 대답한 남성은 100명, 즉 10퍼센트에 불과했다. 반면 40대 여성 1000명을 대상으로 같은 설문조사를 실시한 결과, 1년에 1회 이상 문화 행사에 참여한 경험이 있는 여성은 무려 50퍼센트를 웃돌았다.

일본의 사례이긴 하지만 우리나라의 경우도 별반 큰 차이는 없다. 이런 결과가 발생하는 이유는 무엇일까?

몇 년 전 처음으로 동유럽을 방문한 적이 있다. 열두 시간이 넘는 비행 끝에 도착한 그곳은 말 그대로 신세계였다. 건물 양식과 차창 밖의 풍경들이 낯설기 그지없었다. 열흘간 머물렀던 그곳의 기억은 시간이 지난 지금까지 내 마음속에 꿈틀대며 살아 있다. 이렇게 시작된 여행은 예상치 않게 해마다 부부가 참여하는 순례로 이어졌다. 그러다 보니 과정상 일어나는 어려움들이 있다. 맞벌이를 하는 입장에서 일정을 맞추는 것도 그렇고 무엇보다 경제적인 문제가 컸다.

"돈 들어갈 곳이 천진데 어떡하지?"

"전세 대출금 상환하려고 매달 자유저축 넣는 거 있잖아. 그거 몇 개월 늦추면 어떨까?"

그랬다. 월급쟁이 생활에 갑작스레 목돈이 생길 일이 없으니 고정적인 지출을 줄여서라도 다녀올 수밖에. 그런데 이런 나의 행동에 대한 주변 사람들의 반응을 보면 남녀 간에 분명한 차이가 존재한다. 먼저 여성들의 이야기를 들어 보자.

"어머, 이 팀장님. 부러워요! 사모님이 완전 좋아하시겠다."

"1년에 한 번씩 함께 외국에 나가서 보내는 시간, 정말 멋져요. 부럽다!"

"애처가 이 팀장님, 파이팅!"

나의 어깨를 으쓱하게 만드는 여성들의 반응과는 사뭇 다른 남성들의 이야기를 들어 보자.

"요새 형편이 나아진 모양이야? 로또라도 당첨됐나?"

"아이고, 누군 좋겠다. 나는 애들 학원비에다 뭐다 해서 허리가 휘청거리는데, 팔자 좋네."

"그러다 집은 언제 마련할 건데? 한 살이라도 젊었을 때 부지런히 모아서 노후에 즐기는 게 어때?"

참으로 다른 반응이 아닐 수 없다. 솔직히 남들 다하는 고민을 나라고 왜 안 하겠는가. 일시적인 여정을 위해 너무 많은 돈을 지출하는 게 과연 잘하는 일인지에 대해 생각해 보지 않은 건 아니다. 사실이 그랬으니까. 들뜬 마음으로 여정을 마치고 다시 현실 세계로 돌아오면, 쌓인 업무와 달마다 어김없이 돌아오는 온갖 공과금과 대출금 고지서들.

하지만 여행을 떠나기 전의 설렘과 미지의 곳을 향한 기대감, 그리고 연애 시절로 돌아간 듯한 쑥스러운 몸짓과 여행지에서 만나는 낯선 자연 경관들, 신비로운 빛깔의 바다와 하늘과 이국인들과의 조우에 어찌 값을 매길 수 있겠는가.

그럼에도 대다수의 남성들이 그렇듯 노스탤지어의 염원은 생각으로 그치는 것이 현실적인 상황이다.

기조실에 근무하는 우 과장은 입사한 지 10년이 훌쩍 넘어가지만 이리 치이고 저리 치이는 만년 과장 신세다. 대개가 그렇듯 그의 생활도 다람쥐 쳇바퀴 도는 일상이 계속되고, 바쁜 업무가 끝나면 마음 맞는 동료들과 그저 술잔이나 기울이는 게 전부다.

"세상이 너무 빨리 돌아가. 그 패턴에 맞추려다 보니 가랑이가 찢어질 지경이야."

"오늘 자재부 이 과장 프레젠테이션 좋더라고. 사장 눈도 있고 연말 인사철도 다가오는데 이러다 이번 승진에서도 밀리는 거 아닌지 몰라."

"애들은 점점 커 가는데 걱정이야. 월급은 정해져 있고, 나갈 돈은 점점 늘어나고."

"투자한 주식 종목이 계속 하한가야. 그때 팔았어야 했는데, 어휴."

한 잔, 두 잔 마시다 보니 어느새 취기가 오른다. 그럼에도 스트레스가 풀리기는커녕 오히려 깊은 한숨만 나온다.

주말이다. 아침부터 아내의 목소리가 쩌렁쩌렁하다.

"일어나요! 애들이랑 놀이동산 가기로 해놓고 여태 자면 어떻게 해!"

놀이동산? 깜박 잊고 있었다. 어제 마신 술로 머리가 지끈거린다. 생각해 보니 오늘 후배 결혼식도 잡혀 있다. 우 과장은 아내와 아이들의 눈치를 살핀다. 아내가 또 한마디 던진다.

"빨리 씻지 않고 뭐해요?"

할 수 없다. 후다닥 일어나 대충 얼굴에 물을 묻히고는 차 트렁크에 돗자리며 도시락을 때려 넣고 정신없이 길을 나선다. 그런데 이게 웬일인가. 길게 늘어선 줄! 줄! 줄! 그러게 집 나오면 고생이라는 말이 괜한 소리가 아니다. 기다시피 도착해 또 긴 줄을 기다려 표를 사고 있는데 아이들이 함께 타자며 조른다. 고소공포증이 있어서 못 탄다고 설명하려니 아빠로서 구차스럽기도 하고, 에라 모르겠다 싶은 생각에 그까짓 거 한번 타보기로 한다. 잔뜩 신이 나 있는 아이들과 달리 우 과장의 얼굴은 전쟁터에 나가는 병사처럼 결연한 긴장감마저 흐른다.

드디어 출발! 가슴이 요동치고 맥박이 빨라진다. "야호!" 하며 소리치는 아이들의 목소리가 가물가물한 게 우 과장은 혼이 빠진 사람처럼

118

아무것도 분간이 되지 않는다. 이내 하강이 시작된다. 속이 울렁거린다. 숙취의 흔적들이 밖으로 튀어나올 것만 같다.

'아, 그건 안 돼. 애들도 있는데 조금만 참자, 조금만. 이제 곧 이 시련과 고난이 끝날 거야.'

교회를 다니는 것도 아닌데 기도문이 절로 나온다. 놀이기구가 멈춰 서고 일어서는데 다리가 휘청 하니 후들거리고 삭신이 쑤신다. 정말이지 죽다 살아난 기분이다. 아빠 노릇하기가 쉽지 않다.

"아빠, 재미있어요. 한 번 더 타요!"

그랬다간 기절을 할지도 모를 일이다. 얼른 아이들에게 강아지 인형 하나씩을 사 안긴다. 다시 막힌 도로를 뚫고 돌아갈 생각을 하니 벌써부터 막막하다. 가족끼리 즐겁고 보람 있는 하루를 보냈다는 생각이 들기보다는 힘든 몸 이끌고 의무를 다하느라 사서 고생이라는 생각이 드는 건 왜일까.

'다음 주말엔 친구랑 낚시나 가야지. 그런데 집사람이 허락해 줄지 모르겠네.'

미라 엄마는 남편 출근시키고 아이들 모두 학교에 보낸 뒤 서둘러 설거지를 끝내고는 극장으로 향한다. 보고 싶었던 영화를 조조할인으로 보기 위해서다.

"역시 남자 배우는 브레드 피트가 최고야!"

처녀 시절처럼 두근거리는 가슴을 안고 친구들과 점심 약속을 한 장소로 향한다. 식당 문을 열고 들어서니 온통 비슷한 또래의 여성들이다. 아무래도 점심 매출을 책임지는 건 이 여성 고객들인 모양이다. 밥을 먹으며 이런저런 살아가는 이야기를 나누고는 다시 분위기 좋은 찻집으로 자리를 옮긴다. 푹신한 소파에 앉아 그윽한 에스프레소 향기를 느끼다 보니 어젯밤 남편과 다투었던 기억들이 봄눈 녹듯 사라진다. 나이가 들면서 점점 더 친구들이 좋아진다.

집으로 돌아가는 길, 눈을 즐겁게 하기 위해 작은 갤러리에 들린다. 사람 사는 게 뭐 별건가. 생활도, 남편도, 아이들도 권태롭기만 한 시점에 이렇게 짬을 내 돌아다니다 보면 그래도 숨통이 좀 트이는 것 같다. 장을 보고 저녁 준비를 하는데 친구에게서 전화가 걸려 온다. 올해는 송년회 모임을 좀 특색 있게 하잔다.

"12월 23일에 가수 이승철 콘서트 보는 걸로 이번 송년회 대신하는 건 어때? 다들 좋다는데, 너도 괜찮지?"

"진짜? 당연히 좋지. 그런데 우리끼리만?"

"그럼! 남자들은 연말이니까 당연히 술자리다 뭐다 해서 바쁠 테고, 애들은 애들대로 따로 놀고 싶어 하니까."

미라 엄마의 목소리가 순간 높아진다.

"오케이!"

일상에 특별함을 부여하라

'9988'을 넘어 '9988238'을 지향하는 시대가 왔다. 평균수명이 늘어난 지금 99세까지 팔팔하게 살다가 이틀 앓고 3일째 유언장 썼다가 다시 원기왕성하게 부활하는 것을 꿈꾸는 시대가 된 것이다. 이런 현실 속에서 남성보다 여성들이 더 오래 삶을 영위하는 이유 중 하나는 문화생활에 대한 적극적인 향유와, 그로 인한 긍정성을 통해 생활이 재순환되기 때문일 것이다.

물론 이런 이야기를 하면 남편 잘 만난 일부 팔자 좋은 여사님들 이야기라고 몰아세우는 사람들도 있다. 그럴 수도 있다. 하지만 간과할 수 없는 사실은 똑같은 체험을 하더라도 남녀 사이에는 감흥을 받아들이는 시스템상의 차이가 존재하고, 그것이 인생 후반이 되면 생산적인 전환점으로 작용한다는 것이다.

이는 우울증이라는 질병을 통해서도 확인할 수 있다. 우울증으로 인한 자살 비율이 여성과 남성 중 어느 쪽이 높다고 생각하는가. 시도는 여성이 많으나 실제 자살이라는 극단적인 결과로 이어지는 비율은 대한민국 사회에서 남성이 여성보다 네 배나 더 높다.

굳이 이런 예를 들지 않더라도 각 기업체에서 시행하는 문화 마케팅이 대세인 오늘날, 우리가 당면한 현실은 더 암울하다. 감성을 강조하고 창조적인 생각을 하라고 요구한다. 구글 회사를 롤모델 삼아 노는 듯이 일하며 쌈박한 이벤트를 만들어 고객 마음을 사로잡아 보란다. 그런데 어디 그게 말처럼 쉬운가. 남자들이 살아온 시간과 겪어온 환경이 그렇지 못한데 어떻게 그게 가능하겠는가.

숨 막히게 짜인 학창생활, 군대라는 경직된 세계, 돈을 벌기 위해 사투를 벌이는 직장, 아이들과의 보이지 않는 신경전을 거치는 동안 머리 위엔 하얗게 새치가 피어난다. 이런 현실에서 어떻게 자유로운 사고를 하고 신선한 아이디어를 퐁퐁 쏟아낼 수 있겠는가.

이른 새벽, 지방 출장이 있어 서둘러 서울역으로 향한다. 노숙자들이 추위에 떨며 바닥에 누워 자고 있는 광경을 보자 여러 생각이 교차한다.

'어떤 사연들이 있어서 저러고 있는 걸까? 어쩌다 저렇게 살 수밖에 없게 됐을까? 행여 나도 나이 들어 저렇게 되는 건 아니겠지.'

쓸데없는 생각에 고개를 절레절레 흔들다 예전 신문기사의 한 내용이 떠올랐다. 모 대학교에서 노숙자들을 위한 인문학 강좌를 시행했다는 기사였다. 인문학 강좌라니, 당시에는 선뜻 이해되질 않았다. 배고픈 소크라테스보다는 배부른 돼지가 좋다는 농담처럼 그들에게 일차적으로 필요한 것은 민생고를 해결하는 것이다. 그런데 말 그대로 현실적인 급선무가 아닌 인문학이 그들의 삶에 왜 필요한 것일까? 그리고 과연 그들이 그런 강좌에 참석하려고나 할까?

하지만 나의 이런 걱정과는 달리 그들은 철학, 역사, 사상, 문학, 예술 등의 강의를 듣기 시작했고 강의실은 점차 사람들로 넘쳐났다. 나와 같은 궁금증을 가진 취재 기자가 참여하고 나서 어떤 느낌이 들었냐고 물었다. 그중 한 사람이 이렇게 대답했다.

"이 나이 될 때까지 살아오면서 처음으로 인간의 존엄성과 살아간다는 것의 가치를 느꼈어요."

존엄성과 가치? 사람이 빵만으로 살 수는 없다지 않는가. 그렇다.

이것이 문화라는 매개체의 힘이자 본질이다. 이를 위해서는 문화적인 기본 마인드가 필요하다. 이 참에 여러분의 레벨이 어느 정도인지 한 가지 테스트를 진행해 보자.

위의 이야기처럼 서울역에는 노숙자들이 많아 이를 퇴치하기 위해 바리케이드를 치거나 물청소를 하는 등 여러 작업을 시행했다. 그러나 바라는 결과를 얻지 못했다. 회의 끝에 최근 색다른 시도를 했는데 예상치 않은 효과가 발생했다. 어떤 것이었을까?

① 사나운 개를 풀어 지키게 했다.
② 데모 진압용 물 호스를 이용해 쫓아냈다.
③ 압정을 놓아 두어 머무르지 못하게 했다.
④ 꽃길을 만들었다.

정답은 4번이다. 그들이 머무르는 이동 통로에 국화꽃 화분을 설치했더니 술판을 벌이던 노숙자들이 스스로 자취를 감췄다는 것이다. 이성적이고 물리적인 힘으로 제어가 안 되던 문제를 감성적 문화의 접근으로 해결한 이 사례는, 문화가 거창한 게 아니라 작은 것에서부터 출발하는 것임을 깨닫게 한다.

사전에는 '문화'의 개념이 이렇게 소개되어 있다. '자연 상태에서 벗어나 일정한 목적 또는 생활 이상을 실현하고자 사회 구성원에 의해 습득, 공유, 전달되는 행동양식이나 생활양식의 과정 및 그 과정에서 이룩해 낸 물질적, 정신적 소득을 통틀어 이르는 말'이라고.

여기서 주목할 점은 자연 상태에서 벗어난다는 구절이다. 즉, 삶을 통해 쌓아온 사고와 습관, 틀에서 벗어나 또 다른 시각으로 경험할 수 있도록 하는 게 문화라는 카테고리에서의 시발점으로 해석할 수 있다. 즉, 인간으로서 전체적 경험과 가치 그리고 그것을 영위하게 해주는 것, 나아가 스스로 깨닫게 하는 역할이 문화의 본성이요, 고유 의미인 것이다.

신규 고객 창출을 위해 많은 기업들이 밤낮 없이 기발한 발상을 이끌어 내기에 여념이 없다. 커피숍이라는 감성 공간에 자동차라는 문명의 이기가 녹아드는 전시회를 운영하고, 전자 회사인 애플과 자동차 회사인 이탈리아 페라리 CEO가 만나 신수종의 사업을 협의하며, 2012 브라질 상파울루 여름 패션위크 행사를 고철 처리장에서 행하는 등 경계를 허무는 작업들을 시도하고 있다.

파격, 혁명이라는 단어가 대중화되고 있는 시점에 여러분은 이를 뒷받침할 수 있는 혁신적 사고와 코드를 가지고 있는지 자문해야 할 것이다. 무엇보다 중요한 것은 이를 위해서는 내 삶에서부터 문화를 깨우는 작업이 이뤄져야 한다는 사실이다.

거래처 사업자에게 그가 좋아하는 뮤지컬 티켓을 선물하거나 또다시 시작되는 월요일 아침, 딱딱한 회의 분위기에서 벗어나기 위해「강남 스타일」안무로 흥을 띄워 본다거나 팍팍한 살림살이 덕분에 없던 기미가 생겼다고 바가지 긁는 아내를 위해 다음과 같은 이벤트를 만들어 보는 것은 어떨까.

아일랜드 여성 그룹 켈틱 우먼의「유 레이즈 미 업」을 틀어 놓은 뒤

욕조 가득 물을 받아 그곳에 빨간 장미꽃 잎들을 가득 띄워 놓고 와인도 준비한다. 사랑의 묘약인 초콜릿도 함께. 주책없다고 핀잔을 듣더라도 개의치 말라. 남자는 누드에 약하지만 여자는 무드에 무너지는 존재다. 카드빚, 공과금, 생활비, 관리비, 아이들 과외비, 부모님 여행, 동생 결혼, 제사……. 챙겨야 할 몫이 한두 가지가 아니긴 하지만 이 순간만이라도 그 모든 꾸질한 일상에서 그녀들을 해방시켜 주자.

그것으로도 조금 부족하다 싶으면 토요일 밤 함께 열차를 타고 사놓기만 하고 읽지 못한 철학서나 인문서 한 권씩을 펼쳐 들어 보라. 사랑이 가득 담긴 도시락과 함께. 평범함에서 탈피해 소소하지만 일상에 특별함을 부여하는 것, 그것이 바로 문화다.

3부

여자를 알면
인생의 반이 보인다

1
수다가 경제를 살린다

'깐깐한 코리아 맘…… 세계 유아용품 트렌트 주도'

한국 엄마들이 세계적인 유아용품 브랜드에 적지 않은 영향력을 행사하고 있다는 보도다. 깐깐한 한국 엄마들에게 인정받는 제품이라면 세계적으로도 인기를 끌 수 있다는 판단이기도 하지만 이 배경에는 다음과 같은 법칙이 존재한다.

첫째, 여성들은 자신이 구매한 물품의 장단점을 꼼꼼하게 따진다. 남성과 여성의 구매 패턴은 상품을 구입한 이후에도 차이가 난다. 백화점에 들러 계절 신상품을 구입한 종철 씨 부부. 남편은 구두를, 아내는 원피스를 구입한 후 들뜬 기분으로 집으로 돌아왔다. 돌아와서도 아내는 사온 옷을 입고 거울을 들여다보며 패션쇼를 한다.

"자기야, 어때?"

동조해 주길 바라는 아내와 달리 심드렁한 표정으로 바라보는 종철 씨.

"어떻긴. 백화점에서 그렇게 이리 재고 저리 잰 다음 샀는데, 당연히 마음에 드니까 산 거 아냐?"

"그래도! 너무 잘 산 거 같아, 그치?"

그러다 아내가 무언가를 발견한 모양이다.

"어, 이게 뭐지? 자기야, 이거 보여?"

남편은 아무리 들여다봐도 별다른 흠집을 찾지 못한다. 하지만 아내는 옷에 작은 보푸라기가 났다며 못내 심통을 부린다.

"내일 당장 개장 시간 맞춰 가서 반품해 달라고 해야겠어."

"나는 암만 봐도 모르겠는데 뭘 그래. 하여튼 성격하고는. 맘에 들어서 샀으면 끝인 거지."

둘째, 여성들은 대화라는 채널을 통해, 최근에는 인터넷과 스마트폰 등을 통해 자신의 경험을 다른 사람들과 공유하려고 한다. 상품을 구매한 후에도 타인을 통해 자신의 결정을 확인하거나 인정받고 싶은 심리적 속성 때문이다.

이태리 밀라노에서 최신 명품 쇼핑을 마치고 귀국한 나잘난 여사. 그녀가 한국에 돌아와 가장 먼저 한 일은 인터넷으로 한국에서의 구매 가격을 비교해 보는 일이었다.

"어머머! 역시 내가 보는 눈은 있다니까. 가격도 훨씬 싸게 구입했네."

입이 귀에 걸린 그녀는 구입한 제품을 스마트폰으로 찍어 지인들에

130

게 보낸다. 그러자 속속 문자메시지가 들어온다.

"어머 자기야, 이태리 가서 가방 샀다고 하더니 역시!"

"완전 럭셔리해 보인다. 얼마에 구입했어? 디자인이 너무 심플한데."

"자기는 좋겠다. 금번 모임에 들고 올 거지? 구경 좀 하자. 역시 사기는……."

사람들의 반응을 통해 자신의 선택이 탁월했음을 확인한 그녀는 다시 어깨가 으쓱해진다.

여자의 입소문을 무시 못 하는 이유

아름다운 공주님 선화 공주님
서동이와 노닐다가 궁궐로 돌아가네

40대 전후의 분들은 어릴 적 책이나 텔레비전 인형극을 통해 한 번쯤 들어봤음직한 백제 무왕의 「서동요薯童謠」다. 무왕이 어릴 때 신라 진평왕의 셋째 딸인 선화공주를 사모하던 차 치밀한 전략으로 접근 방법을 모색했는데, 노래 하나를 지어 성 안에 퍼뜨려 아이들이 이를 따라 부르게 함으로써 계속해서 회자되게 하는 방법이었다. 노래는 선화공주가 밤마다 몰래 서동의 방을 찾아간다는 내용이었다. 대궐 안에까지 노래가 퍼지자 결국 그의 작전이 성공을 거둔다는 해피엔딩이다. 이것이 바로 요즘의 버즈 마케팅Buzz Marketing 또는 구전 마케팅Word of Mouth Marketing의 모델인 셈이다.

아무리 경제가 어렵다고 해도 명절 때가 되면 백화점과 쇼핑센터는 사람들로 북적이게 마련이다. 이때 소비 계층의 핵심은 누구일까? 아무래도 주부들이 실세의 중심일 것이다. 아직까지는 남성들이 수입의 원천으로 자리 잡고 있기는 하지만, 지갑에서 그 돈을 꺼내 실제 구매까지 이어지게 하는 소구점은 바로 여성들이다. 그래서 홈쇼핑을 비롯해 상품을 판매하는 기업에서는 주부들의 마음과 욕구를 사로잡기 위해 사은품 증정 등의 별의별 방법을 동원한다. 그중 하나가 여성들의 기질적 특성을 활용한 버즈 마케팅이다. 이 마케팅은 종교의 문헌을 통해서도 확인할 수 있는데 다음의 예를 살펴보자.

옛날 옛날에 예수라는 분이 계셨었다. 그는 일찍이 예언자로 불림을 받았으나 아깝게 서른세 살의 나이에 세상을 뜨고 말았다. 그런데 3일 만에 다시 부활하는 놀라운 일이 일어났고, 이는 대단한 의미를 심어 주는 사건이었다. 죽음 이후 다시 부활한다는 것은 이 세상이 끝이 아님과 동시에 새로운 삶으로서의 무언가가 저 너머에 있다는 희망의 메시지를 사람들에게 강력하게 심어 주었던 것이다. 그런데 문제는 그의 부활 소식을 누구에게 먼저 알려야 하느냐 하는 것이었다.

'나의 이 엄청난 일을 어떤 이에게 알려야 사람들에게 빨리 전파될 것인가?'

일단 그는 자신이 손수 거두고 뽑은 열두 명의 남자 제자들을 면면히 살펴보았다. 하지만 누구도 탐탁지 않았다.

시간은 지나가고 한숨만 늘어 갔다. 도무지 마땅한 인물을 찾을 수가 없었다. 그러다 한 사람이 머리에 떠올랐다.

'그렇지! 내가 왜 그 생각을 못했을까.'

그는 막달라 마리아를 만나게 되고, 부녀자인 막달라 마리아는 죽었다고 생각한 예수가 부활한 모습을 보자 감동과 환희에 휩싸인다. 그러고는 이 기쁜 소식을 어떻게든 사람들에게 빨리 전해야겠다는 사명과 일념으로 그녀는 발이 부르트도록 돌아다니며 주변 사람들에게 이 사실을 알렸다. 그녀에게서 퍼져 나간 메시지는 동네를 넘어 마을을 넘어 국경을 넘어 세상으로 널리널리 퍼져 나갔다. 결국 긴 생각 끝에 탁월한 선택을 한 예수의 혜안이 빛을 발하는 순간이었다.

버즈 마케팅, 그 강력한 말의 힘

버즈 마케팅은 전략적으로 남자보다는 여자를 일차 타깃으로 삼는게 훨씬 효과적이다. 이는 여성의 특성 중 하나가 말하기를 좋아한다는 점 때문인데, 그 배경에는 그럴 만한 이유가 있다. 연구 결과에도 나와 있듯이 하루 동안 사용하는 대화의 어휘수를 따져볼 때 남성보다 여성이 두 배 정도 많다고 한다. 다음 사례들을 통해 직접 확인해 보자.

결혼하자마자 아이가 들어선 여자는 양육에 집중하고자 다니던 직장을 그만두고 전업 주부가 됐다. 출산을 하고 아이를 키우는 동안 여자의 바깥 활동은 거의 이뤄지지 않았다.

하루 종일 말도 통하지 않는 아이와 씨름을 하며 보낸 아내는 남편이 퇴근하기만을 기다리며 시계를 보고 또 본다. 자신의 일상과 주변의 관심사를 함께 나눌 수 있는 말벗이 너무나도 그립기 때문이다. 딩동! 드디어 기다리고 기다리던 순간이 찾아왔다.

"여보! 오늘 하루도 수고 많았어요!"

나름 애교 섞인 말투로 남편을 맞이하며 양복 외투를 건네받는다.

"여보, 왜 B동 1001호에 사는 부부들 있잖아?"

아내의 표정과 달리 남편은 귀찮은 눈치다. 그럼에도 한 번 물었다 하면 놓지 않는 여성 특유의 끈질김으로 아내는 쫑알쫑알 쉬지 않고 말을 한다. 듣다못한 남편이 한마디 던진다.

"나 피곤해."

그러고는 문을 닫고 자기 방으로 들어간다. 그 모습을 보자 아내는 속이 상한다. 하루 종일 자기만 기다리다가 이제야 말문을 열었는데 대꾸도 하지 않고 방으로 들어가다니, 야속하기만 하다. 하지만 남편이 그런 모습을 보이는 데는 그럴 만한 이유가 있다. 하루 종일 사용할 어휘를 밖에서 이미 다 쓰고 들어와 에너지가 방전된 탓이다. 그렇더라도 서운한 마음이 쉽게 가라앉지 않는다. 모름지기 부부라면 서로 대화가 통해야 하는 게 아닌가.

'이렇게 사는 게 무슨 부부야! 애정이 식은 게 분명해.'

속이 상한 아내는 분을 참지 못해 이불을 뒤집어쓰고 침대에 눕더니 다시 벌떡 일어나 휴대전화를 붙들고는 한참 동안 신나게 수다를

134

떤다. 새벽녘 잠이 깬 남편은 그 시간까지 전화기를 붙들고 있는 아내를 보자 그만 어이가 없다.

"도대체 이 시간까지 누구랑 그렇게 통화를 하는 거야?"

황당해하는 남편의 한마디에 아내가 질세라 대거리를 한다.

"광주 사는 친구랑 통화한다, 왜?"

광주 친구건, LA 친구건 간에 이 시간까지 전화기를 붙들고 있다는 사실 자체가 남편으로서는 도저히 이해되지 않는다. 그리고 그 전화비는 또 어쩔 것인지 한심하기만 하다.

"빨리 끊고 안 자냐!"

경기도 외곽의 한 아파트. 모든 업종이 그렇듯 그곳에서도 생존 경쟁의 치열함은 여지없이 벌어지고 있었다. 수많은 동종 점포가 자리잡고 있음에도 불구하고 어느 날 미용실 하나가 사거리 쪽에 또 문을 열었다. 어느 날 그 앞을 지나던 오 씨의 눈길이 점포 유리에 붙어 있는 문구에 가 꽂혔다.

'신장개업! 최상의 사은품 증정!'

평소 공짜라면 사족을 못 쓰는 그의 눈이 번쩍 뜨였다.

'아싸! 이발할 때도 되었는데, 이게 웬 떡이냐!'

그는 쾌재를 부르며 아내에게 달려갔다.

"여보! 요기 앞에 미용실이 생겼는데 개업식 선물도 준대."

혀를 끌끌 차던 아내는 남편의 온갖 감언이설에 못 이겨 함께 미용실로 향했다.

"사장님! 저는 단정하게 커트해 주시고요, 아내는 예쁘게 세팅 파마 해주세요."

그런데 머리 손질이 끝나자 사단이 나고 말았다. 남편의 꾐에 머리를 하긴 했는데 결과물이 아내 마음에 들지 않았던 것이다. 하지만 그건 남편도 마찬가지였다. 아무리 간단한 커트라지만 쥐 파먹은 듯 어딘지 이상해 보였다. 그런데 이런 상황에서도 남성과 여성의 반응에 확연한 차이가 나타났다.

'우이 씨! 머리를 이렇게 해놓다니. 할 수 없지. 다음부터 안 오면 되지 뭐.'

남자들은 대개 혼자 분을 삭이며 자책한다. 죽고 사는 문제도 아니고, 더군다나 널린 게 미용실인 세상이니 말이다. 하지만 여자들은 다른 모양이다. 도저히 분이 풀리지 않는지 아내는 씩씩거리며 위층 301호 아주머니를 찾아간다.

"솔희 엄마! 왜 여기 사거리에 새로 오픈한 미용실 있잖아요."

"아, 그 미용실! 그런데 왜요? 어머나! 그런데 201호 아줌마 머리가 왜 그래요?"

"그렇죠? 이상하죠? 나만 그렇게 느낀 게 아니라니까. 세상에 남편 꾐에 빠져 혹시나 해서 갔더니 머리를 이 지경으로 해놨지 뭐예요. 내일 출근해야 하는데 어떡해요. 다시 머릴 풀어야 하나? 아휴, 돈이 얼만데!"

남편의 반응과는 달리 윗집 아주머니는 아내의 하소연에 맞장구를 치며 무척이나 잘 받아 준다. 그 덕에 반나절이 지나서야 돌아온 아내

136

의 표정이 한결 밝아져 있다.

'참 희한해, 여자들은.'

그런데 사건은 그걸로 끝이 아니다. 마침 그날 아파트 반상회가 열렸고 뒤풀이 도중 301호 아주머니가 아내의 이야기를 화제 삼았다.

"201호 있잖아요. 그 아주머니가 사거리에 새로 생긴 미용실에서 머리를 했는데, 글쎄 아주 삼순이같이 해놨다지 뭐예요."

좋은 이야기도 아닌데 건수 하나 잡았다 싶었는지 침을 튀겨 가며 이야기하는 그녀 앞에, 함께 참석한 다른 사람들도 맞장구를 치더니 급기야 하나 된 마음으로 한마디씩 내뱉는다.

"어쩐지! 사장이 기생오라비 같이 생겼더라고!"

"그래! 내가 그럴 줄 알았어. 첫 인상부터 안 좋았다니까요."

"어머, 201호 아줌마도 그랬대? 내가 아는 어떤 사람도 그 미용실 한 번 갔다 오더니 두 번 다시는 안 간다고 이를 갈더라고!"

별것도 아닌 이 이야기는 아파트의 담을 넘어 순식간에 사방으로 퍼져 나간다. 결과는 어떻게 됐을까. 결국 그 미용실은 여섯 달을 버티지 못하고 문을 닫았다. 여인들의 무서운 결집력과 입소문 효과를 뼈저리게 체험한 채.

이런 버즈 마케팅은 영업 사회, 그중에서도 방문 판매를 근간으로 하는 업체에서 중요하게 활용된다. 특히 말발과 영향력이 큰 부녀회장 등을 찾아내 써 보게 하고 발라 보게 하고 먹어 보게 하고 체험해 보게 함으로써 직접 공을 들여 공략하는 것이다. 여론 형성에 주도적인 역할을 하는 사람을 찾아내 적극적으로 활용해야 하는 게 바로 이 마케팅의 포인트이기 때문이다. 나름 파워가 있는 이들에 의해 극단적으로는 아파트에 서는 장이나 여러 행사들이 좌지우지되기도 한다.

"써보니까 괜찮더라고. 은지 엄마도 한번 발라 봐."

"건너편 대형 마트보다 가까운 여기 장터에서 파는 채소가 훨씬 싸고 신선해."

"거기서 지난주 포도 한 상자 사서 먹어 봤는데 맛이 별로더라고."

이런 말 한마디면 심하게는 게임 끝이다. 평소 신뢰하는 사람이 던지는 말의 힘은 엄청난 파급 효과를 발휘하기 때문이다. 그래서 여러 기업체에서는 자사의 브랜드 이미지 신장과 신상품 개발 및 리서치를 위한 소비자 평가단 등을 운영하는데, 그 주축은 당연히 일반 여성 집단이다. 이 그룹만큼 큰 위력을 행사하는 대상층도 많지 않아서 다시 말하지만 이 세력에게 제대로 그리고 우선적으로 어필하는 것이 관건이다.

그런데 참 서글프다. 집에서도 아내의 눈치를 봐야 하고 살벌한 사회에 나와서도 그녀들에게 잘 보이기 위해 딸랑딸랑 방울을 울려야 하니, 남자들이 기 펴고 설 땅은 대체 어디인지.

138

2
끈기와 인내는 여자의 무기다

심리학자 K. 안데르스 에릭손은 베를린 음악 아카데미 학생들을 연구한 후, 10년간 매일 하루에 세 시간씩 노력하면 정상의 자리에 오를 수 있다는 결과를 내놓았다. 이는 말콤 글래드웰의 베스트셀러『아웃라이어』에 소개되어 대중적으로 알려진 1만 시간 법칙의 핵심 내용이다. 누구나 1만 시간만 투자하면 성공의 반열에 오를 수 있다는 이 법칙은 많은 이들에게 꿈을 통한 도전의 의사 기회를 부여했다. 하지만 시간이 흐른 지금 그 법칙을 제대로 실천하는 사람이 과연 얼마나 될까.

아침형 인간을 꿈꾸며 새벽 기상 프로젝트에 도전한 적이 있다. 몇십만 원이라는 거금을 걸고 각자가 정한 기상 시간에 일어나 한두 시간의 생산적인 과제를 수행하는 프로젝트였다. 100일이라는 기간 동안 나는 새벽 4시 40분에 일어나 글을 썼다. 그런데 이 100일이라는 시간을 버틴다는 게 결코 만만한 일이 아니었다. 처음 일주일 동안은 기분 좋게 일어났으나 그 이후부터는 부족한 수면으로 인해 꾸벅꾸벅 졸거나 하루 밸런스의 균형이 깨지는 등의 부작용이 발생했다. 급기야 잠정적으로 좋아하던 술을 끊는 방편을 마련해야 했다. 저녁에 술이라도 한잔 마시면 어쩔 수 없이 늦게 잠자리에 들게 되고, 그 여파는 고스란히 다음날까지 영향을 미쳤기 때문이다.

프로젝트 기간이 끝나고 수료식 날, 자신이 약속한 부분을 100퍼센트 수행한 사람이 몇이나 됐을까? 결과는 10퍼센트였다. 서른 명의 도전 인원 중 딱 세 명.

많은 사람들이 프로젝트를 완수해 내지 못한 이유는 무엇일까. 이 프로그램에 참석 의사를 밝힌 사람들은 일단 자기 자신에 대한 계발과 성장 욕구가 있는 사람들이었다. 거기다 돈까지 걸고 도전한 터라 자신을 채찍질하는 동기 유발의 요소도 충분했다. 그럼에도 이 같은 결과가 나온 이유는 무엇이며, 10퍼센트의 범위에 든 성공한 사람들은 나머지 사람들과 어떤 다른 점을 가지고 있었을까.

외면에도 굴하지 않는 용기

지하철을 타고 다니다 보면 간혹 물건을 파는 사람들을 만나게 된다. 합법적인 영업이 아니기에 그들도 조심스럽게 판매 활동을 하긴 하지만, 어쨌든 복잡한 지하철 안에서 그들과 마주치는 게 그리 반가운 일은 아니다. 그들은 대개 천원 지폐 몇 장 값의 물건들을 팔곤 하는데 그 종류도 장갑, 양말, 액세서리, 수세미, 밴드 등 꽤 다양하다. 그러던 어느 날 30대쯤 되어 보이는 아주머니 한 분을 만났다. 그녀는 불편해 보이는 몸으로 갓난아기를 업은 채 무거운 가방을 질질 끌며 지하철 안에 나타났다.

"안녕하십니까! 소란을 피워 죄송합니다만 질 좋고 저렴한 제품을 소개해 드리기 위해 이 자리에 섰습니다. 이 칫솔로 말씀 드릴 것 같으면……."

그러나 아무도 그녀가 파는 칫솔에 눈길을 주지 않았다. 물론 나 자신도.

'요즘 세상에 누가 저런 걸 사. 마트에 가면 싸고 좋은 칫솔들이 널렸는데.'

마침내 운명의 시간이 다가왔다. 설명을 마친 그녀는 힘겹게 몸을 추스르고는 머리를 조아리며 앉아 있는 승객들 무릎 위에 칫솔을 하나씩 올려놓았다. 나는 애써 자는 척을 해보려 했으나 그게 마음대로 되지 않았다. 실눈을 뜨다가 그만 그녀의 동그란 눈동자와 마주치고 만 것이다. '아, 이를 어쩌지.' 그녀가 보내는 구원의 눈빛을 외면하며 나는 고개를 돌렸다. 많은 승객들이 타고 있었음에도 결국 칫솔은 하나도 팔리지 않았다. 괜스레 미안한 마음이 들었다. '지금이라도 하나 팔아줄까' 하고 갈등하는 순간 그녀의 멘트가 날아들었다.

"소란스럽게 해드려서 죄송합니다. 저는 다음 칸으로 갑니다. 고맙습니다."

그녀의 고맙다는 말에 민망해졌다. 내가 만약 저 입장이었다면 어떤 반응을 보였을까. 아마도 물건을 사 주지 않는 사람들과 세상에 대한 원망 그리고 포기의 마음이 들지는 않았을까. 무엇이 그녀를 다시 다음 칸으로 가게 만드는 용기를 갖게 했을까. 아이 때문일까. 아니면…….

끈기와 인내의 표상, 곰

대한민국에 어려운 고비가 있을 때마다 남성 동지들을 대신해 여성들이 선봉에 섰다. 3.1 독립운동 당시의 유관순 누나를 필두로 피죽도 못 먹던 보릿고개 시대 우리의 어머니들까지. 여인들은 허리끈을 질끈 동여매고 가정 경제를 이끌었고, 1970년대 '잘 살아 보세'의 기치 속에 이역만리 독일에서 간호사의 신분으로 외화를 벌어들였으며, 곱디고운 삼단 같은 머리카락을 잘라 가발을 수출했고, 밤을 새워 가내 수공업 공장에서 손가락에 피멍이 들도록 미싱을 돌려 산업역군의 첨병으로 그 역할을 다했다. 또한 스포츠계에서는 '우생순'의 신화를 굳이 언급하지 않더라도 비인기 종목에서 다수의 메달을 거머쥐는 쾌거를 올리기도 했다. 거기다 최근에는 남자들의 최후의 보루라고 일컫는 군대에까지 진출해 화제가 됐다. 모 여대 ROTC들이 다른 대학의 남자 후보생들을 모두 꺾고 군사 훈련에서 종합 1위를 차지한 것이다. 같은 남자의 입장에서 정말 부끄럽고 자존심 상하는 일이긴 하지만 이는 분명 실제 상황이다. 남성들을 더없이 부끄럽게 만드는 여성들의 이 같은 생명력은 도대체 어디에서 나오는 것인가.

학창 시절 역사 시간을 통해 누구나 배웠을 '단군신화'를 언급하지 않을 수 없다. 여기에는 호랑이와 곰이 등장한다. 남성성을 상징하는 호랑이와 여성성을 상징하는 곰이 같은 굴에서 살았는데, 공통의 지상 과제인 사람이 되길 소망했다는 내용이다. 그러나 세상에 공짜는 없는 법! 이들에게도 고통스러운 과제가 수반됐다. "신령스러운 쑥 한 줌과 마늘 스무 개를 먹고 100일 동안 햇빛을 보지 않고 참아 내면 사람이 될 수 있다"는 것이었다. 그런데 왜 하필 100일이라는 기간을 두었을까?

우리나라는 예로부터 갓난아기가 생후 100일이 되면 친지들이 모두 모여 잔치를 벌이는 풍습이 있다. 100일 정도를 무사히 버텨 내면 앞으로 사람으로서 제구실을 하며 살아가리라는 의미에서 첫 축하를 해 주는 것이다.

군대를 갔다 온 남자들이라면 '100일 휴가'의 벅찬 기쁨을 생생하게 기억할 것이다. 군에 입대해 100일이 지나면 맞이하는 첫 휴가다. 훈련을 받고 민간인의 신분에서 이제 국방부의 신분으로 격상된 신병 위로 차원의 기념일이라고 할 수 있다.

고3 수험생이 입시 전 마지막 스퍼트를 가할 때 각오를 되새기며 작전에 돌입하는 때도 시험 100일 전이다. 또 선남선녀가 만나 서로의 애틋함과 앞으로의 기약을 염원하며 퍼포먼스를 행하는 때도 100일 기념일이다. 어디 그뿐인가. 지성이면 감천이라고 기도를 올릴 때도 보통 '100일 기도'를 드린다. 기업체 대상 리더십 프로그램을 실시하는 회사에서도 100일에 가까운 약 3개월 정도의 자기계발 코스를 운영한다. 이 정도의 기간을 거쳐 적절한 자극과 그에 따른 학습이 수행될 때 사람들이 변화할 수 있다는 과학적 근거에 기반을 둔 것이다

여하튼 곰과 호랑이는 동일한 목표 아래 서로를 의지하며 함께 용맹정진해 나갔다. 하지만 둘의 방식은 달라도 매우 달랐다. 호랑이는 신기하게도 오늘날의 남성성을 닮아 있다. 백수의 왕이라 불리는 위치였기에 카리스마, 저돌성, 용맹함, 민첩함이 남달랐다. 그래서 수행 과제가 주어졌을 때 그에 따른 답변도 시원했다.

"오케이! 100일 그까짓 거 뭐."

반면 곰은 조금은 미련해 보이는 외모와는 달리 여성성의 화신답게 신중하고 꼼꼼하게 생각하며 자신의 속마음을 쉽게 내비치지 않았다.

"알았구먼요."

경쟁자로서 혹은 파트너로서의 게임이 시작됐다. 각자 좋아하는 먹이 대신 쓰고 역겨운 쑥과 마늘만 먹자 그들의 몸은 점점 야위어 갔다. 참고 참아도 시간은 좀체 흘러가지 않았다. 거기다 기대를 한껏 모았던 호랑이는 호기롭던 대답과 달리 진득하게 무엇을 하지 못하는 성격 탓에 안절부절 못하다가 일찌감치 탈락했다. 그러자 곰은 두려웠다. 햇볕도 들지 않는 깜깜한 동굴에서 외로움을 견디며 혼자와의 싸움을 지속하기란 쉬운 일이 아니었다. 곰은 점점 지쳐갔다. 그럼에도 그를 지탱하게 해준 것은 오직 사람이 되고 싶은 평생의 꿈을 이루겠다는 신념이었다. 결국 곰은 끈기와 인내심으로 버텨낸 결과 승자가 됐다.

그토록 바라던 웅녀熊女가 된 것이다.

그래서인지 호랑이와 곰의 경우처럼 대체로 남성들은 여성보다 체격이나 힘이 월등한데도 불구하고 오랜 시간을 요하는 종목에서 그다지 실력 발휘를 하지 못한다.

호랑이 후예들의 작심삼일

큰일이다. 어느새 날이 밝고 말았다. 지난밤, 제야의 종소리를 들으며 아들이랑 새해 아침 해돋이를 보러 가기로 약속했는데 그만 아침까지 자고 말았다. 식사 준비에 여념이 없는 아내와 아이들 보기가 민망하다. 새로운 원년을 시작하겠다며 호기 있게 한 선언이 몇 시간도 못가 무산되고 만 것이다. 나공약 씨는 식탁에 앉아 괜스레 헛기침을 하며 숟가락을 든다.

"밥이 넘어가?"

그렇잖아도 민망해 죽겠는데 아내가 거들기까지 한다. 그래도 어쩌겠는가. 잘못한 사람이 참아야지.

"아빠, 벌써 해 떴어요!"

아이가 퉁명스레 내뱉는다. 분명히 알람을 맞춰 놓고 잠자리에 들었는데, 참 알다가도 모를 일이다. 자신은 그렇다 쳐도 아내는 알람 소리를 들었을 게 아닌가. 설마 골탕을 먹이려고 그냥 내버려 둔 것은 아닌지. 나공약 씨는 밥을 먹다 말고 아내를 향해 눈을 흘긴다.

"올해는 어떡할 거야? 아이들은 커 가는데, 아빠로서 뭔가 새롭게 변화된 모습을 보여 주기는커녕 허구한 날 새벽까지 술이나 마시고 들어오고."

순간 나공약 씨는 잔소리꾼인 아내와의 결혼을 후회한다. 하지만 어쨌든 다 맞는 소리이니 할 말이 없다. 정말 술 탓인지 배가 남산처럼 불거지긴 했다. 예전엔 그도 배에 왕자 정도는 만들어 다닌 적이 있었다. 하지만 지금은……. 밥을 먹다 말고 러닝셔츠를 걷어 올려 자신의 배를 만져 본다. 타이어처럼 잡히는 두툼한 뱃살.

"무슨 짓이야, 밥 먹다 말고! 아이고, 아빠나 아들이나 똑같다니까."

식사를 마치고 체중계에 몸무게를 달아 본다. 소스라치게 놀란 나공약 씨는 올해는 무슨 일이 있어도 살을 빼야겠다고 다짐한다.

회사 시무식 및 업무를 마친 나공약 씨가 수영장으로 향한다.

"언제부터 강습에 참여하시겠어요?"

미끈하고 다부지게 단련된 수영 강사의 몸매에 넋이 나간 나공약 씨를 향해 강사가 묻는다.

"내일부터 시작하겠습니다."

혹시나 이런저런 핑계로 못할 염려를 대비해 할인도 된다는 3개월 치를 한꺼번에 끊었다.

'2분기에는 무슨 일이 있더라도 마누라와 자식들한테 나도 저 강사처럼 잘빠진 몸매를 보여 줄 테다. 기다려, 여보오!'

휘파람을 불며 집으로 돌아온 나공약 씨는 아내에게 자랑스럽게 수영 이야기를 꺼낸다.

146

"나, 오늘 수영 강습 끊었어. 당신 잔소리 듣기 싫어서라도 기필코 탄탄한 몸매로 변신할 거니까 기대하라고! 그래서 나중에 탤런트 소지 섭처럼 되어도 당신 나 못 알아보면 안 돼!"

나공약 씨의 다부진 포부에 아내는 혀를 끌끌 차며 면박을 준다.

"아이고, 또 시작이네. 작년에는 헬스클럽 다닌다고 아령이랑 운동 기구들 거실 바닥에 잔뜩 늘어놓더니만 올해는 또 수영이야? 제발 있는 거라도 제대로 해보시지!"

남편 마음을 이렇게도 안 알아주다니, 나공약 씨는 맘이 상할 대로 상한다. 하지만 아내의 말에 대거리를 할 수도 없다. 그도 그럴 것이 아내의 말이 사실이기 때문이다. 그동안 운동 한번 해보겠다고 비싸게 사놓은 러닝머신에다가 골프채, 볼링공 등이 먼지만 뽀얗게 싸인 채 구석에 처박혀 있다. 필드에 나간 지가 언제인지 기억도 안 난다. 나공약 씨가 아내 쪽을 흘끔거리며 혼잣말인 양 중얼거린다.

"이번엔 진짜야. 한번 믿어 보라고. 독하게 마음먹고 할 거니까. 그런데 어쩌지? 수영복이 없는데. 팬티를 입고 할 수도 없고, 나 혼자라도 사러 가야 하나……."

따르릉. 새벽 5시. 나공약 씨는 보란 듯이 자리에서 벌떡 일어난다. 그런데 좀 춥다. 보일러를 틀었는데도 거실 공기가 꽤나 을씨년스럽다.

이런 날에도 사람들이 운동을 하러 올까 싶었는데, 나공약 씨의 예상과는 달리 수영장 라커룸에는 이미 사람들이 가득하다. 그는 적잖이 놀란다.

'우와! 벌써부터 사람들이 많네. 좋아! 나의 실력을 보여 줘야지.'

하지만 기본기가 전혀 없는 그로서는 초급반 과정을 건너뛸 상황이 아니었다. 허우적거리며 강사의 지시에 따라 몸을 이리저리 움직여 본다. 그때 저쪽에서 다가오는 한 사람! 앞집 황 씨였다.

"아, 나공약 선생님도 이곳에 등록하셨구나! 잘하셨어요. 아무래도 남자는 파워 넘치는 힘이 최고죠. 환영합니다! 그런데 아직 초급 과정이시구나. 허허허! 잘해 보세요."

자존심을 온통 뒤흔들어 놓고 멋들어진 배영으로 거세게 물살을 가르며 유유히 사라지는 황 씨.

'이런 젠장! 지금 뭐하자는 거야. 격려를 하는 거야, 염장을 지르는 거야! 나 참, 꼴 같지 않아서."

딴 사람도 아니고 지난번 주차 문제로 크게 언쟁을 높였던 황 씨랑 하필이면 이런 곳에서 부딪치다니, 운명의 장난도 아니고 이게 웬 망신이란 말인가. 강습 시간을 옮겨야겠다고 생각해 보지만 중간에 결석 방지를 위해 3개월짜리 수강증까지 끊은 나공약 씨는 여러 가지 사유로 결국 한 달도 채 다니지 못하고 다시 다음 기회를 노려야만 했다.

어머니라는 이름의 힘

누구나 나공약 씨와 같은 경험을 한 번쯤은 해봤을 것이다. 끈기 있게 지속적으로 무언가를 행한다는 것은 무척이나 어렵고 힘든 일이다. 그럼에도 평범한 우리의 여성들은 웅녀의 성향을 닮아서인지 그 전통의 맥을 오늘날에도 그대로 이어가고 있다. 11월이 되면 해외토픽에 소개될 정도로 이슈가 되는 전 국민의 축제인 대학수학능력시험. 주인 공인 수험생들을 응원하기 위한 후배들의 퍼포먼스도 볼거리이긴 하지만, 무엇보다 최고는 역시 3년간의 과정을 힘들게 평가받는 아들딸 들을 위해 교문 앞은 물론 곳곳에서 염원을 올리는 이 땅의 어머니들 이다.

모성애로 무장한 그녀들은 자식을 위해서라면 최고의 전투 모드로 돌입해 물불을 가리지 않는다. 말 그대로 사활을 건 희생정신을 발휘 하는 것이다. 그래서 이 시즌만 되면 전국의 사찰, 교회, 성당은 수험 생들을 위한 철야기도로 불야성을 이루고, 대구 팔공산 갓바위처럼 지 성을 들이면 한 가지 소원은 들어 준다는 효험이 있는 곳은 어디를 막 론하고 문전성시를 이룬다. 어디가 되었건 그녀들의 기도는 멈추지 않 는다. 웅녀 자신이 100일 지성으로 인고의 시간을 견뎌 사람이 되겠다 는 일념을 이뤄낸 것처럼 그녀들도 모든 것을 내던진다. 이른 새벽, 정 화수 떠놓고 산신령께 기도를 올리는 여인의 모습은 예전 '전설의 고 향'이라는 텔레비전 프로그램 속에만 등장하는 장면이 아니다. 우리의 모든 어머니들에게서 쉽게 찾아볼 수 있는 풍경이다.

'끌어당김의 법칙'이라느니 '양자물리학 법칙' 등 인과관계를 논하는 거창하고 어려운 개념들을 굳이 언급하지 않더라도, 우리의 삶 속에는 보이지 않는 기가 흐르고 그 흐름은 여인의 손끝과 정성으로 이어져 결국은 우리가 바라는 결과로 귀결되도록 유도하는 것이다.

현실의 벽을 어떻게 뛰어넘을 것인가

남자도 힘들다는 세일즈 업계에 종사하는 여성들을 대상으로 고객과의 미팅 시 가장 어려운 점이 무엇인지 설문조사를 한 적이 있다. 조사 결과 매번 우선순위에 드는 항목 중 하나는 거절에 대한 두려움이다. 금전적인 문제 혹은 자아실현, 비전 등의 갖가지 사유로 남들이 꺼리는 이 계통의 일을 시작했어도 웬만큼 타고난 강심장이 아니고서는 번번이 면박을 주는 고객을 계속적으로 찾아가기가 쉬운 일이 아니다.

입사 후 트레이닝을 받은 한 여성이 처음으로 개척 방문을 나가기로 했다. 공략 지역은 근처 아파트 단지이다. 호기 있게 초인종을 눌렀다. 하지만 기다리는 그 3초의 시간이 얼마나 긴지. 별별 생각들이 머릿속을 스쳐간다.

'집에 누가 있을까. 문전박대는 안 했으면 좋겠는데.'

급기야 차라리 집에 아무도 없었으면 좋겠다는 생각마저 든다. 결국 바라던 대로(?) 아무런 인기척이 없자 그녀는 돌아 나오며 안도의 숨을 내쉰다.

누구나 이런 상황에 처하면 대개 위와 비슷한 행동을 하게 된다. 그러다 실제 고객을 만나더라도 자신이 원하는 긍정적인 반응을 보이는 경우는 드물다.

"안 산다고 했는데 왜 또 찾아와요!"

"저한테는 필요 없는 상품이라고 했잖아요! 아줌마, 참 말귀를 못 알아듣네."

"참 성가시게 구네요. 한번 말하면 알아들어야죠. 도대체 경비 아저씨는 뭐하는 거야!"

급기야 극단적인 경우에는 재수 없다며 면전에다 소금을 뿌리기도 한다. 그럴 때면 천 갈래 만 갈래로 찢어지는 가슴을 끌어안고 돌아서는 발걸음 위로 뚝뚝 눈물이 떨어진다. 이게 바로 세일즈 업계의 현실이다.

40대 초반의 이빛나 씨도 남들과 별반 다를 바 없는 사람이었다. 차이점이 있다면 한 가지도 제대로 하기 힘든데 두 가지 직업을 가지고 있다는 것과 남다른 강단이 있다는 점이랄까. 낮에는 화장품 영업을 하고 심야에는 동대문 시장에서 장사를 했다. 밤낮없이 일을 해서인지 그녀의 체력은 그리 좋아 보이지 않았다. 그럼에도 월평균 1,000만 원대의 매출을 꾸준히 유지하는 당찬 사람이었다. 어떻게 두 가지 일을 동시에 할 수 있는지, 그리고 지속적으로 매출을 유지하는 비결은 무엇인지, 잠은 언제 자는지 등등 궁금한 것들에 대해 물었다.

"저도 당연히 많이 힘들죠. 하지만 그냥 열심히 해요."

긴 머리카락을 쓸어 올리며 배시시 웃는 그녀는 좀체 힘든 속내를 드러내지 않았다. 그러던 그녀에게 예상치 않던 고객이 등장했다. 세일즈를 하다 보면 정말 다양한 유형의 사람들을 만나게 되는데 일종의 '고집불통' 고객이었던 것이다. 덩치 크고 눈매가 가늘게 찢어진 인상의 50대 남성 사업가인 그는 명함을 건네고 샘플을 주며 상품에 대해 설명을 해도 도무지 반응이 없었다. 어떻게 보면 딱 잘라 거절하는 사람들보다 이런 경우가 더 강적이다. 부부싸움을 할 때도 상대방의 무반응이 가장 무서운 법 아닌가. 이럴 때 세 번 정도 방문해서도 별다른 반응이 없으면 대개 포기하는 게 보통이다. 하지만 그녀는 달랐다. 오기인지 직업정신인지는 모르지만 아무튼 그녀는 작정하고 그를 찾아갔다.

'그래, 한번 하는 데까지 해보는 거야.'

보호 본능을 불러일으키는 외모를 가진 그녀의 어디에서 그런 깡이 나오는지 신기할 정도다. 다섯 번, 여섯 번, 일곱 번…… 수많은 무반응과 퇴짜 속에 어느새 마흔세 번째 방문, 그녀는 결국 계약을 성공시켰다. 끈질기게 찾아가 계약을 성사시킨 이빛나 씨도 대단하지만 그때까지 만류한 상대 고객도 만만치 않다.

"당신 같은 사람 처음 봤소. 웬만하면 몇 번 찾아오다 마는데, 나참…… 앞으로도 계속 올 것 같아 무서워서 사인해 준 거요."

호랑이가 곰을 이길 수 없는 이유

남성에 비해 여자들에게서 두드러지는 세 가지 특징이 있다. 그 중 첫째는 '겸손함'이다. 초원의 지배자 칭기즈칸. 사람 선발에 관한 그의 일화를 들어 보자.

예수타이는 어느 누구보다 용감하고 어느 누구보다 귀한 재능을 가진 사람이다. 그러나 그는 오랜 행군을 해도 지치지 않고 허기와 갈등을 느끼지 못하기 때문에, 자신이 거느리는 장교들과 병사들도 그럴 것이라고 생각한다. 그렇기 때문에 그는 고급 지휘권을 맡을 만한 적임자가 아니다. 장군은 허기와 갈증에 대해 생각하면서 부하들의 고통을 이해할 수 있어야 하고, 부하들과 동물들의 힘을 아껴 쓸 줄 알아야 한다.

칭기즈칸의 부하인 예수타이는 호랑이와 같은 능력을 가진 인물이었다. 자신의 능력에 대한 으스댐과 자만심이 넘쳐흘렀다. 반면 곰은 자신의 부족함에 대해 알고 있었고, 그렇기에 무엇보다 머리와 마음을 낮추는 겸손함의 미덕을 가지고 있었다. 당신은 어떤 타입인가. 호랑이인가 곰인가.

둘째는 끈기와 지성至誠이다. 이랜드는 중국 내 한국 기업들 사이에 '기적을 쏜 기업'으로 불린다. 그럴 수밖에 없는 게 수많은 업체들이 중국이라는 대륙의 문을 두드렸으나, 성공의 달콤함을 맛본 경우는 거의 없기 때문이다. 그래서 이랜드가 거둔 성과는 더더욱 남다르다. 최종양 사장은 그 비법 중 하나에 대해 이렇게 이야기한다.

"다른 일은 하지 않고 오직 시장 조사와 지역별 현지인들의 의복 특징과 패턴 등을 조사했어요. 3등 완행열차나 허름한 버스를 타고 여인숙에서 자면서 지방 깊숙한 뒷골목까지 시장 특성과 진출 시 공략 방안을 고민하고 또 고민했지요. 그때 깨알 같은 글씨로 메모한 열 권의 취재 공책이 중국 공략의 '보배'가 됐습니다."

곰이 호랑이라는 강력한 파이터에 맞서 경쟁력을 가질 수 있었던 가장 큰 요소로는 이 같은 끈기와 지극한 정성을 꼽을 수 있다. 100일이라는 기간 동안 끝까지 고통과 인내를 감내하며 마음속의 열망을 집결시켜 결국 사람이 되고자 하는 목표를 달성한 곰.

여러분은 현재 무엇을 시도하고 있는가? 새해 목표로 삼은 것들의 중간 점검을 해본다면 스스로 매긴 여러분 자신의 평점은 10점 만점에 몇 점인가?

셋째는 '예'라고 말하는 긍정의 자세다. "신령스러운 쑥 한 줌과 마늘을 먹고 100일 동안 햇빛을 보지 않고 참으면 사람이 된다"는 과제를 받았을 때 곰은 먼저 "예"라는 자세로 응답했다. 이 긍정으로 임하는 수용적인 자세는 결국 자신을 원하는 존재로 만들어 주는 밑거름이 됐다. 조지프 캠벨은 이 같은 행위에 대해 『신화와 인생』을 통해 다음과 같이 표현했다.

전사戰士의 방식이란
삶에 대해 "예"라고 하는 것,
그 모든 것에 대해 "예"라고 하는 것이다.

자기 자신을 한번 돌아보자. 현재 자신에게 겸손함이 있는지, 어떤 일에 끈기 있게 도전하는지, 매사에 '예'라고 말하는 전사의 삶을 살고 있는지.

3
여자는 삶에 의미를
부여하는 동물이다

마틴 브레스트 감독의 〈여인의 향기〉라는 영화는 많은 이들에게 아름다운 탱고 선율의 사운드트랙을 떠올리게 하는 명작 중의 하나다. 주인공 프랭크 역의 알 파치노는 뛰어난 연기로 그해 아카데미 남우주연상이라는 타이틀을 거머쥐기도 했다. 돈은 많지만 인생의 의미를 찾지 못하는 시각 장애인인 프랭크는 삶에 염증을 느껴 생의 마지막 여행을 계획하던 중 자신의 길잡이가 되어줄 찰리라는 아르바이트생을 고용해 함께 떠난다. 화려한 곳을 방문하고 비싼 음식을 먹고, 그렇게 시간을 보낸 뒤 드디어 그가 작정한 디데이가 다가왔다. 프랭크는 찰리에게 심부름을 시켜 내보낸 뒤 그사이 권총을 꺼내 세상을 떠날 준비를 한다. 하지만 느낌이 이상해 다시 돌아온 찰리가 이를 목격하게 되고 그의 자살을 저지한다. 두 사람의 몸싸움이 이뤄지는 절체절명의 상황에 프랭크가 찰리에게 다음과 같은 화두를 던진다.

"Give me one reason."

내가 살아야 할 당위, 존재 이유를 알려달라는 마지막 절규와도 같은 이 메시지는 어쩌면 현대를 살아가는 우리 모두를 향한 질문이자 우리 스스로 세상을 향해 묻고 싶은 메시지인지도 모른다.

99세의 할아버지가 수차례의 실패 끝에 자동차 운전면허증을 취득했다는 이야기를 들으면 당연히 대단하다는 생각이 들 것이다. 이는 실제 대한민국 공주 지역에서 있었던 일이다. 이야기의 주인공 할아버지의 소감을 잠시 들어 보자.

"사람이 희망을 잃지 않고 하고자 하면 못할 일이 없다는 걸 보여 주고 싶었다. 손자와 젊은 사람들에게 도전의 모델을 한번 보여 주고 싶었다."

여러분은 할아버지의 이 이야기를 듣고 무슨 생각이 드는가.

리츄얼Ritual이라는 용어는 종교상의 의식 절차 또는 항상 규칙적으로 행하는 어떤 의식 같은 것을 뜻한다. 하지만 현대적으로는 반복되는 일상에 스스로 의미를 부여하는 것을 말하기도 한다. 삶을 표현하는 '生' 자를 눈여겨 살펴보자. 이는 '牛'과 '一'의 복합어로 이뤄져 있다. 즉, 살아간다는 것은 소가 외나무다리를 걷는 것과 같다는 뜻이다. 네 발 달린 동물이 하나의 통나무로 된 다리를 건너려면 얼마나 애를 써야 하겠는가. 아마도 그래서 인생은 고해苦海라고 하는 모양이다. 오늘날 대다수의 사람들은 영화 〈모던 타임즈〉의 찰리 채플린처럼 맞물려 돌아가는 톱니바퀴 같은 신세로 살아간다. 공장의 온기 없는 기계 부품처럼. 그러다 어느 날 문득 잊고 살았던 자기 자신에게 이렇게 묻는다.

'내가 지금 제대로 살고 있는 건가?'

'이렇게 사는 게 내가 꿈꾸던 삶이 맞나?'

문득 돌아보면 후회와 아쉬움, 짙은 회한들이 밀물처럼 밀려온다. 영화 〈박하사탕〉 속의 배우 설경구가 "나 돌아갈래!"라고 외친 것처럼 시원하게 소리라도 질러보고 싶어진다.

하지만 그런 후회 속에서도 99세에 운전면허를 취득한 할아버지처럼 다시 돌아가거나, 다시 도전하거나, 다시 시작하는 사람은 흔치 않다. 용기가 필요하지만 우리에겐 그것이 없다. 없다기보다는 애써 저 깊은 곳에 꾹꾹 눌러 숨겨 놓는다. 너무 늦었다고 생각하기 때문이다. 내 삶을 죄고 있는 현실의 굴레들이 너무 많다고 여기기 때문이다.

그래서 우리에게는 삶의 리츄얼이 필요하다. 나중이 아닌 바로 지금 이 순간순간의 의미와 즐거움을 취하는 행위가 필요한 것이다.

남자와 여자, 그들의 동상이몽

설과 추석이면 어김없이 민족의 대이동이 시작된다. 여느 가정이 그렇듯 김 씨 부부도 고향에 계신 부모님을 찾아 뵐 준비를 하고 있다. 그들의 행위를 가만히 들여다보면 흥미로운 사실을 발견할 수 있다. 남성과 여성의 경우를 나누어 살펴보자.

먼저 남자의 경우다. 김 씨에게 사전준비는 필수다. 그는 무슨 전쟁에 나가는 병사마냥 난리를 치며 준비에 한창이다. 군대에서의 독도법을 되새김질 하듯 커다란 대한민국 전도를 펼쳐 놓고 출발 지역과 도착 지역의 구간과 예상 시간 및 장애물인 병목 지역을 추정해 대비책을 강구하느라 정신이 없다. 아내는 철없는 아이를 대하듯 물끄러미 이 광경을 지켜보고 있다. 그도 그럴 것이 한마디 거들었다가 무슨 숭고한 의식에 찬물이라도 끼얹는 결과가 나올까 싶어서다.

그렇다. 남자들에게는 이 모든 것이 하나의 의식이다. 사냥을 나가기 전 제를 올리는 것과도 같다. 그러니 진지할 수밖에.

드디어 출발 당일. 만반의 준비를 마친 김 씨는 완전군장을 하고 남성 파워를 자랑이라도 하듯 승용차 트렁크에 아이스박스 등을 싣고는 휘파람을 불며 손뼉을 쳐댄다.

"오케이! 이만하면 됐어. 이제 출발!"

아, 그런데 아내와 아이들이 아직 준비를 마치지 못했다. 출발 시간이 지났는데도 내려올 기미를 보이지 않자 서서히 짜증이 밀려든다.

"아, 진짜 이 사람이!"

씩씩거리며 쫓아 올라가려는 순간 아내가 숨을 헐떡이며 달려온다.

"미안! 아버님 드릴 선물을 미처 챙기지 못해서."

"그래서 내가 미리미리 준비해 두라고 그랬지! 하여튼 여자들이란."

남자들은 자신의 페이스대로 움직여 주지 않으면 신경이 곤두선다.

우여곡절 끝에 드디어 출발. 시동을 걸자 금속성의 애마가 부드럽게 응답을 한다. 남자의 어깨가 절로 들썩인다.

158

"이것 봐! 내가 지난주에 미리 자동차 점검을 해놔서 차가 이렇게 부드러운 거라고! 안 그랬다가 장거리 운행인데 차가 퍼지기라도 하면 누가 책임지냐?"

김 씨는 자신의 행위에 자축의 박수를 보내며 자기자랑에 여념이 없다. 그것도 잠시, 서울 톨게이트에 들어서자 꼬리에 꼬리를 문 차량들이 끝도 없이 서 있다.

"이런 젠장!"

남자는 서서히 열이 오르기 시작한다.

"그러니까 내가 일찍 출발하자고 했잖아!"

발끈해서는 흘낏 옆자리를 바라보자 아내는 벌써 꿈나라로 빠져들고 있었다. 뒷자리의 아이들이야 그렇다 치고 어떻게 아내라는 사람이 저 혼자 맘 편하게 잠이나 잘 수 있는지 김 씨는 이해되지 않는다.

'피곤한 사람이 누군데, 자기가 한 게 뭐 있다고 벌써부터 잠을 자냐고!'

그는 씩씩대면서도 원초적인 사명감과 책임감으로 다시 한 번 핸들을 움켜쥐며 죽을 둥 살 둥 전방을 주시한다.

'그래, 내가 아니면 누가 지키겠냐.'

김 씨는 아이들과 아내를 돌아보며 심호흡을 한다. 사냥을 하던 본능은 운전을 할 때도 여실히 드러난다. 그에게는 모든 것이 업業의 연속이다. 자신의 맡은 바 과업을 최대한 충실히 이뤄내야 하기에 긴장의 끈을 놓지 못한다. 그렇게 해야 먹고사는 일이 해결되었기 때문이다. 지금도 물론.

이번엔 여자의 경우다. 남편이 두통과 씨름하며 운전을 계속하고 있는 가운데 아내가 드디어 기지개를 편다.

"아웅, 여보 여기가 어디야?"

울화통이 치민 남편이 어디긴 어디냐고 한마디 내지르려고 하는 순간 눈치 빠른 아내의 역습이 이어진다.

"어머, 자기야. (침을 튀기며) 저기 하늘 좀 봐. 어쩜 저렇게 파랗지? 하늘 올려다 본 지도 참 오랜만이네. 그리고 저기 들녘의 꽃 좀 봐. 어머, 세상에! 벌써 코스모스가 피었네. 역시 서울하고는 달라. 자기 알지? 우리 연애할 때 당신이 나한테 내 몸매가 하늘거리는 코스모스 닮았다고 했었잖아. 그때 정말 예뻤었는데. 자기도 기억나? 내 대학 동창이 나 완전 좋아했었던 거. 자기만 아니었으면……. 아, 좋다! 밖에 나오니까 이렇게 좋구나. 자기야, 우리 명절 때만 이럴 게 아니라 앞으로는 주말에도 야외로 놀러다니고 좀 그러자. 우리가 살면 얼마나 살겠어. 영희 있잖아. 왜 봄에 얼굴에 보톡스 맞았다는 친구 말이야. 얼마 전에 가족 모두 유럽 여행 갔다 왔다고 얼마나 자랑을 해대던지. 솔직히 좀 부럽긴 하더라. 맞다! 자기 운전하느라 피곤하지? 어깨 좀 주물러 줄까? 아니다. 방해될 수도 있으니까 내가 노래 한 곡 불러줄까? 아니다. 함께 불러야 맛이지. 얘들아, 얼른 일어나! 아빠 운전하시느라 얼마나 힘드시겠니. 우리 함께 노래 불러 드리자!"

이것이 여자의 리츄얼이다. 여자는 자신의 경계 지역을 먼저 둘러보며 확인하는 습성이 있다. 외적인 약함이 있기에 무엇이 존재하는지, 어떤 속성이 있는지를 남성보다 빠르게 캐치해 내야 한다. 그리고 그

160

것에 쉽게 동화된다. 이게 오랫동안 자신을 보존시켜 나가는 생존 비법이기 때문이다.

그런데 여기에 반응하는 남편의 속내를 한번 들여다보자.

'이 여자가 정신이 나갔나. 내가 지금 가족들을 위해 얼마나 힘들게 눈을 부릅뜨고 운전을 하고 있는데 격려는 못해 줄망정 뭐 코스모스가 어쩌고 어째? 나 참 어이가 없네. 코스모스 몸매? 작업용 멘트였다는 걸 아직도 모르는 모양이네. 거기다 뭐 주말마다 콧바람을 쐬러 가자고? 나도 그러고 싶네요. 그러다 회사 잘리면 당신이 책임질래? 나 오랫동안 가늘고 길게 살아야 되거든. 내가 말을 안 해서 그렇지, 자기 남편이 바깥에서 얼마나 얻어터지며 치열하게 살고 있는지 알기나 하냐? 아니 근데 차는 왜 이렇게 꿈쩍도 안 하냐고! 답답해 죽겠네.'

이런 상황에도 아랑곳없이 아내는 작심한 듯 아이들과 합창을 한다.

"아빠 힘내세요. 우리가 있잖아요. 아빠 힘내세요. 우리가 있어요."

"그만해!"

한 소절이 끝나기도 전에 참다못한 남편이 버럭 역정을 낸다.

어안이 벙벙한 아내가 한마디 한다.

"아니, 왜 소리를 지르고 그래! 운전하느라 애쓰는 것 같아서 힘내라고 노래 불러 주는 건데 칭찬은 못할망정 왜 아이들 기를 죽이고 그러냐고!"

'뭐? 힘내라고 노래를 불러 준다고. 나 참, 제발 정신 좀 차려라. 내가 제일 싫어하는 노래 가사가 그거라는 거 모르니? 아이들이 한 번씩 그 노래 부를 때마다 쭈뼛쭈뼛 머리카락이 곤두선다고! 뭐? 아빠 힘내라고? 용돈 달라고 징징거리면서 속이나 뒤집지 말라고 그래. 그런 노래 부를 시간에 영어 단어 하나라도 더 외워서 좋은 대학교 들어갈 생각이나 해! 노래 부른다고 떡이 나오냐, 밥이 나오냐?'

남자와 여자는 이렇게 다르다. 순간 차 안에는 냉랭한 분위기가 감돈다. 모두가 입을 꼭 다문 채 적막만이 흐른다.

'뭐야, 이 분위기는. 그렇잖아도 운전하느라 피곤해 죽겠는데 기분 참…….. 언제까지 이러고 가야 하냐고. 갈 길도 먼데 괜히 성질을 냈나 보네. 내가 좀 심했나?'

무안해진 남편은 이미 엎질러진 물이긴 하지만 어떻게든 분위기를 바꿔 보자는 생각에 얼굴색을 바꾼다.

"애들아! 아빠가 너희들을 위해 그동안 갈고닦은 빅뱅 노래 하나 불러 줄까……?"

이런 젠장! 대체 이게 뭐하는 시추에이션이란 말인가. 조용하다 했더니 어느새 아내와 아이들은 다시 꿈나라로 빠져들고 있다.

'아니 어제 저녁 내가 최대한 막히지 않는 길 찾겠다고 난리를 치고 있는데도 일찍부터 드렁드렁 코골며 잔 사람이 누군데 그걸로도 모자라서 또 자냐? 내가 진짜 속 터진다, 속 터져!'

남편은 이를 앙다물고는 다시 한 번 핏발선 눈을 부릅뜨며 운전대를 움켜쥔다.

'누구든 끼어들기만 해봐. 다 죽었어!'

자신의 기분에만 젖어 환경 적응에 여전히 미숙한 남자. 혹시 여러분의 모습은 아닌지.

162

마지막으로 상황 종료. 과연 게임의 승자는 누구일까?

남편은 휴게소에 들러 볼일도 보고 잠도 좀 깨야겠다 싶어 큰소리로 아이들과 아내를 깨운다.

"기상! 10분 내로 볼일 보고 다시 차로 돌아온다. 알겠지?"

아, 그런데 10분이 지나고 20분이 지나도 아내와 아이들이 돌아오지 않는다. 그때 휴대전화가 울린다.

"여보! 요새 휴게소에서는 그림 전시회도 하네. 조금만 보고 가요. 어차피 길 막히는데 천천히 보고 갑시다."

남편은 화가 나 폭발 직전인데, 어떻게 저런 생각을 할 수 있을까.

'갈 길이 구만리인데 뭘 보고 가? 암튼 상황 파악 못하고 되는 대로 행동하는 데 선수라니까! 도대체 생각이 있는 거야, 없는 거야!'

남편은 담배를 집어 들어 끓어오르는 감정을 억누르며 참아보려 애쓴다. 매사 긴장감이 몸에 배어 있는 남자와 나사 하나가 조금은 풀려 있는 듯한 생활에 익숙한 여자. 무조건 열심히 일하자는 모토에 학습된 남자들의 입장에서는, 여자들의 충동적이며 비계획적인 행동이 철딱서니 없거나 생각 없는 행위로 여겨질 수 있다. 하지만 우리는 알고 있다. 일상의 소소한 부분에서조차 의미 부여를 통한 훈련으로 무장된 그녀들이 이미 무서운 경쟁자로 다가오고 있다는 사실을. 또한 인생이라는 장기 레이스에서 순간순간 의미를 부여하고 향유하는 일이 얼마나 중요한 것인지를.

이제 우리에게 필요한 것은 자신을 에워싸고 있는 굴레를 벗어 던지고 주변을 탐미하는 시각 전환의 작은 노력이다.

나만의 리츄얼을 만들어라

아리스토텔레스는 『니코마코스 윤리학』에서 '에우다이모니아
Eudaimonia'라는 개념을 강조했다. 이는 행복이라는 의미로 쓰이며 당
연히 각자의 행위를 통한 보상 및 의미성이 다를 수밖에 없음을 말한
다. 그럼에도 눈여겨볼 사항은 동일한 환경의 세상을 바라봄에도, 남
성과 여성이 각기 다르게 해석하고 받아들이는 까닭은 무엇일까 하
는 점이다.

똑같은 풍경을 바라보면서도 남자에게는 쟁취해야 할 목표물만 보
이는 데 반해 어떻게 여자들은 그 안에서 또 다른 숨겨진 행복의 비밀
을 찾아낼까. 그 또 다른 눈으로 세상을 바라보는 능력이 부럽기까지
하다.

남자가 마침표라면 여자는 쉼표에 비할 수 있다. 이것이 여자의 여
유이며 의미성의 이유다. 그렇다면 왜 남자는 그렇지 못할까. 그것은
항상 목표물을 쫓는 습성에서 비롯된 불안감과 긴장감 때문이다. 리츄
얼은 칠흑 같은 바다에서도 보이지 않는 등대를 찾는 작업이다. 그러
니 목적지까지 지치지 않고 가려면 여성의 쉼표가 필요하다.

예측 불가능한 변화의 시대에 살고 있는 우리에게는 진화생물학에
서 차용해 온 개념인 '적응 리더십'이 적극 필요하다. 말 그대로 현대의
다양한 환경에 적응하기 위해서는 여러 기술들을 활용해야 하는데, 그
중 하나가 리츄얼을 체험하고 접목하는 것이다.

서두에서 말했듯 여자는 남자에 비해 오랜 시간 동안 생존을 위한 여

러 본능적 방법을 탐구해 왔다. 그로 인해 수시로 일어나는 문제들에 매몰되지 않고 새로운 역전의 기회로 전환시킬 수 있는 시스템을 개발했다. 순간을 기뻐하며 즐거워하고, 때로는 천진난만한 아이처럼 동화될 수 있는 그것이 바로 해결법인 동시에 리츄얼의 진성한 의미이다.

더불어 이 시스템은 문명의 이기를 활용해 나가는 시대일수록 더욱 큰 위력을 발휘한다. 성공한 리더들의 공통적 특징 중 하나인 연결 Connect의 맥락에서, 여성의 강점이 제대로 발휘되는 것이다. 즉,. 연결의 핵심 매개체인 스마트폰이라는 기기를 통해 그녀들은 SNS, 문자, 통화, 게임, 앱 등의 요소를 전 방위적으로 확산시키며 소비의 주요 계층으로 확실하게 자리매김한다. 이유는 하나. 진심으로 그것에 동화되고 즐기기 때문이다.

이쯤에서 묻겠다. 여러분은 리츄얼한 사람인가? 그렇다면 다음의 질문에 답해 보자.

① 매일 나의 삶에 의미를 갖게 하는 행위는 무엇인가?
② 실제 행위로 옮기지 못한 것들은 무엇인가?
③ 그것을 실천으로 옮겼을 때 가질 수 있는 이익은 무엇이며, 그로 인해 나의 삶에 미칠 영향은 무엇인가?

이어서 당신만의 열 가지 리츄얼을 만들고 실천해 보도록 하자. 예를 들면 이런 식이다.

- 가장 기분 좋았던 일을 떠올리고 출근 전 이를 연상해 본다.
- 아이들에게 사랑의 문자를 보낸다.
- 일주일에 두 번 이상 가족들과 식사를 한다.
- 하루에 감사한 일 세 가지를 찾는다.
- 주말에 아이들과 한 시간 이상 대화를 하거나 놀아 준다.
- 한 달에 한 번 이상 아내와 외식하며 그녀의 말을 경청한다.
- 반년에 한 번 새로운 여행지를 찾아 떠난다.
- 가족들을 기쁘게 해주기 위한 퍼포먼스를 구상한다.
- 이메일이 아닌 자필 편지를 쓴다.
- 부모님을 위한 안부 전화를 일주일에 한 번 이상 한다.
- 잃어버린 순수함을 찾아 평소 하지 않던 행동을 해본다.

나는 매일 취침 전에 감사한 일 세 가지를 찾아 기록하는 일을 새해 들어 해오고 있다. 간단한 것 같지만 막상 해보니 그렇게 쉬운 일은 아니다. 여성들에 비해 삶에 동화되는 습성이 없어서인지도 모르겠지만, 일단 감사함이라는 요소를 인위적으로라도 끌어내려고 하면 피곤함과 함께 귀찮다는 생각이 먼저 밀려온다. 그럼에도 참고 지속하다 보니 무의미하게 흘러가던 하루가 매일 새로워지고 있음을 발견할 수 있었다.

자기 전에 오늘 하루 감사한 일이 무엇이 있었는지 떠올려 보자. 그러기 위해서는 하루 동안의 있었던 일과 그때 느꼈던 감정을 반추해야 할 것이다. 바둑에서 복기를 통해 승과 패의 원인을 분석하듯

이, 좋았던 점들을 되새기며 그 느낌을 향유해 보자. 이러한 습관이 나만의 리츄얼이 된다면 지금과는 다른 인생을 사는 데 분명 도움이 될 것이다.

4

직장 내
'독한 여자'들을 배워라

구글 회장인 에릭 슈미트가 최근 한국에서의 일정 중 특별 강연에 참석한 대학생들에게 다음과 같은 내용을 강조한 바 있다.

> 나는 주위에 있는 한 분야에 '미친' 사람들을 눈여겨보고 그들을 따라다니면서 식견과 열정 등을 배웠습니다. 항상 나보다 더 똑똑하고, 더 독특하고, 더 미친 사람들을 친구로 두십시오.

업무의 특성상 출장이 많아 여러 곳을 다니게 된다. 그러다 자투리 시간이면 이따금 해당 지역의 명소를 찾곤 하는데 그날도 그랬다. 봄비가 살포시 내려앉는 가운데 들린 곳은 군산에 위치한 어느 빵집. 서울에도 넘치는 곳이 빵집인데 군산까지 가서 굳이 빵집을 찾느냐고 할 수도 있다. 하지만 중앙로에 위치한 이곳을 찾은 이유는 따로 있다. 대한민국 최초의 서양식 베이커리라고 소문난 곳이기 때문이다.

1945년에 개점해 3대째 지역 명품 빵집으로 인정받고 있는 곳이라고 했다. 1945년이면 대한민국이 일제 강점기에서 해방된 해가 아닌가. 호기심으로 방문했지만 매장 안은 나처럼 타지에서 온 관광객들로 발 디딜 틈이 없었다. 한참이 걸려 계산을 하고는 빵과 딸기 셰이크를 들고 구석 자리에 앉아 시식에 들어갔다. 빵맛이 다 거기서 거기지 맛이 있으면 얼마나 있겠냐 싶었다.

조각 하나를 포크에 찍어 입안에 넣고 뿌리 깊은 솜씨를 조금씩 음미했다. 혓바닥을 훔치고 식도 끝으로 내려간 첫맛의 달짝지근함. 그리고 뒤이어 전해오는 알 수 없는 묵직한 맛. 한 업종을 3대째 가업으로 이어 오고 있다는 사실 때문인지, 그 역사성이 깊이 배인 맛은 아무래도 좀 남달랐다. 하나에 매진한다는 것, 하나에 삶을 건다는 것은 과연 어떤 의미일까.

한 놈만 패거나 한 우물만 파거나

세계 정상의 자리를 굳건히 지키고 있는 대한민국 여자 양궁. 그들을 훈련시키는 전 국가대표 감독을 만날 기회가 있었다.

"사실 실력은 종이 한 장 차이예요. 그런데도 그 많은 선수들 중 누가 올림픽 메달을 따는 줄 아세요?"

특별한 노하우가 따로 있지 않을까 궁금했다.

"좋아함을 넘어 즐기는 사람이 메달을 딸 확률이 높습니다."

당연한 거 아닌가. 수많은 자기계발서에 담긴 내용 중 하나도 바로 그 이야기이지 않은가. 빤한 이야기라고 여기던 차 그가 한마디 덧붙였다.

"그런데 그 즐기는 사람을 뛰어 넘는 누군가가 있더라고요."

솔깃했다. 어떤 사람일까.

"질긴 놈이에요."

질긴 놈? 그렇다. 자신의 전 존재를 건 화살로, 목표점인 과녁을 향해 쏘고 또 쏘고를 치열하게 반복하며 땀방울을 흘리는 수많은 이들 중에서도 챔피언의 벨트를 움켜쥐는 비법은 바로 그것이었다.

〈주유소 습격사건〉이라는 영화가 있다. 영화 속 배우 유오성의 유명한 대사를 기억하는가.

"난 딱 한 놈만 팬다."

게임이 되지 않는 불리한 상황 속에서도 그는 딱 한 사람을 선정해 때리고 때리고 또 때린다. 그리고 상황 종료 후의 희열에 찬 그의 웃음.

이처럼 한 우물을 파는 장인 정신과 집념은 아무나 할 수 없는 일이다 보니 성공 요인의 키팩터key factor로 여겨진다. 덕분에 이런 결과를 파생시키는 사람들을 만날 때면 우리는 뭉클한 감동을 느낀다.

우리는 기억하고 있다. 박세리 선수가 LPGA에서 처음으로 우승한 순간을. 당시 어려운 경제 등으로 힘겨운 시기를 보내던 우리는 그녀가 보내 준 승리의 전령에 다시 할 수 있다는 힘을 가졌다. 그 후로 '세리

키즈'로 일컬어지는 대한민국의 여인들이 그녀의 뒤를 이어 한국의 위상을 떨치고 있다.

이 같은 성공 요인을 AP 통신에서는 한국인 특유의 '올인All in 문화'에서 그 원동력을 찾을 수 있다고 분석한다. 한국 선수들은 어려서부터 오직 골프 하나에만 매달려 성공에 대한 강렬한 목표 의식을 지니기 때문이라는 것이다. 하지만 무엇보다 큰 이유는 선수들의 뒤에서 묵묵히 뒷바라지하는 부모들의 희생의 결과가 아닐까.

참는 것이 곧 이기는 것이다

학창 시절 체력장이라는 게 있었다. 그때 남녀의 특성을 확연하게 비교할 수 있는 종목 중 하나가 '턱걸이'와 '오래 매달리기'였다. 턱걸이의 횟수로 점수를 매기던 남학생들에 비해, 여학생들은 오롯이 철봉 하나에 의지해 누가 얼마나 오랜 시간 버티느냐에 따라 점수가 달라졌다.

식은땀이 나기 시작하고 얼굴이 파래지며 입술은 떨려오고 부들부들 팔은 천근만근이다. 어찌 보면 대롱대롱 고목나무에 매달린 매미처럼 오만상을 찌푸리는 모습이 우스꽝스럽기까지 하지만, 그 순간 어린 소녀들은 그것이 세상의 전부인 양 이를 악물고 견뎌 낸다.

'오래 매달리기'에서도 알 수 있듯 여성들은 하나에 매진해 오랫동안 무엇을 해나가는 데 있어 일가견이 있는 것 같다. 그래서인지 학업 성적, 각종 테스트, 운동 경기 등 특히 정신력이 뒷받침되어야 하는 부분에서 그녀들은 두드러진 결과를 만들어 낸다. 그래서 여자들을 독하다고 하는지도.

고 여사를 처음 만난 건 뜨거운 여름의 막바지에서였다. 여려 보이는 몸집임에도 자신의 일에 대한 열정이 돋보이는 사람이었다. 경력 탓인지 동료와 똑같이 필드에서 뛰면서도 동물적인 감각이나 센스가 뛰어났고, 목표에 대한 의식과 적응력도 남들보다 빨라 보였다.

교육이 있던 어느 날. 시점이 연말이고 해서 나는 강의의 주제를 '한 해를 보내면서 나를 가장 힘들게 했던 일과 새해의 덕담'으로 선정했다. 시작 전 각자가 해야 할 이야기들을 먼저 노트에 적게 하고, 개인별 발표가 끝나면 서로에 대한 공감과 코멘트가 어우러지도록 유도했다. 그런데 그녀가 내내 안절부절못하는 모습을 보이더니 이렇게 말했다.

"이야기 안 하면 안 될까요?"

"팀장님께서 올해 여러 가지 일이 너무 많아서 그런 모양이시구나."

주저하던 그녀는 망설이더니 예상치 못한 한마디를 던졌다.

"자살하려고 마음먹었었거든요."

갑자기 실내 분위기가 얼음장처럼 차가워졌고 나도 적잖이 당황했다. 그리고 잠시 후 그녀가 겹겹이 숨겨 두었던 마음속의 맺힌 한을 서서히 풀기 시작했다.

"얼마 전 남편이 바람을 피우는 현장을 직접 목격했어요. 그러면서도 나는 그이에게 어떤 말도 하지 못했죠. 예전에 허리를 다쳐 디스크

172

수술을 했는데, 사실은 다쳐서 그런 게 아니라 남편한테 맞아서 그런 거였거든요. 남편이 그런 짓을 하는 걸 내 눈으로 직접 보자 하늘이 무너져 내리는 것 같았지만, 뭐라고 말을 할 수 없더라고요. 아내가 여자 구실도 제대로 못하니 오죽하면 저런 짓을 할까 애처로운 마음이 들기도 했고요. 이런 사실을 안 막내아들이 이혼을 하라고 하지만 그게 어디 말처럼 쉬운 일인가요. 더군다나 지금은 그럴 때도 아니고. 승진하고 경제적 안정을 찾고 나면 모를까. 정말 하루라도 마주하고 싶지 않은 남편이지만 어쩔 수가 없어요."

같은 남자로서 몹시 부끄러웠다. 그녀가 풀어낸 실타래는 아리아드네가 테세우스를 위해서가 아닌 바로 자신의 미궁迷宮을 탈출하기 위한 것과 같았다. 지금 이 순간도 그녀는 결사적으로 삶이라는 철봉에 매달리고 있다.

몰입, 미치지 않으면 미치지 못한다

박 여사는 오늘 무척이나 기분이 좋다. 면허증 취득 후 구입한 차량을 드디어 인도받는 날이기 때문이다.

'나에게도 이런 꿈같은 날이 오는구나. 호호호!'

썬블록 크림을 바르는 것으로도 모자라 모자에 선글라스까지 착용하고는 차에 올라 시동을 걸고 핸들을 꽉 움켜쥔다.

'배운 대로 천천히 침착하게만 하면 되는 거야.'

번잡한 도로로 나오자 그녀의 바람과는 달리 운전 선배님들은 배려라는 걸 전혀 모르는 것 같았다. 이마에 땀까지 맺히고 한숨이 절로 나온다. 초보운전 딱지를 붙였는데도 연신 경적을 울려대는 사람들. 나름 운전에 일가견이 있다는 사람들에게서 느껴지는 따가운 시선과 반응에 가슴이 방망이질 하듯 콩닥거린다.

"솥뚜껑 운전이나 하지 쓸 데 없이 차는 끌고 나와서 지금 뭐하는 거야?"

"빨리빨리 안 가냐고! 하여튼 여자들이란."

"도대체 눈을 어디다 두고 다니는 거야? 아이고 답답해!"

남성이 여성을 상대로 우월하게 여기는 종목 중 하나가 운전이다. 몇 해 전 방영되었던 시트콤에서 여배우 안문숙 씨가 운전 연수를 하는 장면이 회자된 적이 있다. 옆자리 교관을 태우고 기세 좋게 출발한 그녀는 서울 톨게이트를 통과해 종내는 대전까지 가게 됐다. 차선을 바꿀 타이밍을 잡지 못해 계속 직진만 하다가 대전까지 가게 된 황당한 해프닝이었다.

실제로 남성들이 보기에 여성들의 운전하는 모습이 답답하기 짝이 없게 느껴질 수 있다. 스피드를 내는 것도 아니고 반사 신경이 좋은 것도 아니며, 거기다 끼어들기를 할 때의 행위는 거북이 사촌 같다. 하루 종일 걸리는 주차는 또 어떻고.

하지만 그녀들의 이런 운전 문화에는 비밀이 있다. 스피드를 내지 않는다는 것은 그만큼 정해진 기본과 원칙에 충실하다는 것이다, 반사 신경이 좋지 못하다는 것은 그만큼 자신의 툴과 패턴에 매진한다는 것이다. 끼어들기를 재빠르게 하지 못한다는 것은 그만큼 자신이 가고 있는 길에 오롯이 몰입되어 있다는 증거다.

박 여사는 오늘 차량 뒤쪽에 붙였던 초보라는 문구를 새롭게 바꿨다.

'옆 뒤 절대 안 봄'

그런데 여기에 또 한 가지 비밀이 있다는 것을 아는가. 누구처럼 금액에 따라 철새처럼 직장을 옮겨 다니거나 누구처럼 화려함으로 치고 빠지기의 꼼수를 잘하지는 못하지만 이 옆 뒤 절대 안 봄의 문구로 세상의 여인들이 우리를 먹이고 성장시켰다는 것을.

단합대회 명목으로 서울 인근으로 산행을 간 Z사 임직원들. 저마다 울긋불긋한 옷차림을 하고는 가벼운 몸 풀기와 파이팅 구호가 끝난 후 팀별로 나눠 출발했다. 인원이 많은 관계로 시간을 다르게 했건만 역시나 집행부의 의도와 상관없이 기세 좋게 시동을 거는 이들이 있다. 헛둘, 헛둘! 평소 조기축구로 갈고닦은 체력을 으스대기라도 하듯 그들은 아예 뛰어서 산을 오른다. 따라가던 이 대리가 이를 보고 특유의 아첨을 떤다.

"우와, 팀장님! 역시 평소 활력 있게 아침을 맞으셨던 이유가 있으셨네요. 최고입니다!"

이에 보답이라도 하듯 더욱더 활발하게 움직이는 사내들. 반면 이와는 상관없이 오늘도 느림의 미학에 충실한 이들이 있다.

버거워 보이는 몸매에 초반인데도 벌써 가쁜 숨을 몰아쉬며 땀을 비오듯 흘리는 우리의 진달래님과 민들레님. 동료들은 걱정이다. 완주는 커녕 부축이라도 해줘야 하는 거 아닌가 싶을 정도다. 물 만난 고기마냥 뛰어오르던 남자들이 그녀들 곁을 지나치며 염장을 지른다.

"그러게 평소에 살도 뺄 겸 운동 좀 열심히 하라니까. 이러다 누구 땜에 우리 점심식사 늦어지지는 거 아냐?"

자존심이 상해 얼굴을 들 수가 없다. 오르막길이 끝나자 더욱 험난한 계단이 이어진다. 물먹은 솜처럼 몸이 늘어져 잠시 땀을 훔치노라니, 뛰어갔던 남자들이 벌써 정상을 찍고 내려오고 있다. 혀를 끌끌 차며 바라보는 시선에 더욱 낯이 뜨거워진다. 그냥 포기하고 내려갈까 싶은 생각마저 든다. 하지만 그럴 수는 없다. 팀별로 시상이 걸려 있어 어떡하든지 팀원들에게 누가 되지 않아야 하기 때문이다.

거기다 더 중요한 것은 오늘 아침 완주를 하기로 아들과 약속을 하고 나온 터였다. 다른 사람들이 뭐라고 하든 말든 독하게 마음먹고 끝까지 가보자며 두 여자는 서로의 손목에 빨간 수건을 질끈 동여매 주었다.

"우리 반드시 정상까지 가자! 갈 데까지 가보는 거야."

무릎이 아프고 삭신이 쑤시지만 무거운 발걸음을 기어코 옮겨 나간다. 정상을 향해.

직원들과 함께 회식 이후 나이트클럽을 찾은 적이 있다. 여러 명의 웨이터들이 줄을 서서 힘찬 목소리로 손님들을 안내한다. 우리 테이블 담당자 이름은 '될 때까지'였다. 궁금한 마음에 물어 봤다.

"될 때까지가 어떤 의미예요?" 그는 씩 웃으며 간단명료하게 답변한다.

"100퍼센트 부킹이 되는 그날까지, 그래서 닉네임이 '될 때까지'입니다."

불광불급不狂不及이라고 했다. 즉 미치지 않으면 미치지 못한다는 말이다. 여러분은 올해 될 때까지의 각오로 무엇에 미치겠는가.

5
여자의 지혜는
계절마다 다르다

인문학이라는 세간의 조류 덕분에 고전 읽기에 동참하던 중 한 여성을 만났다. 빙허각憑虛閣 이씨李氏. 조선 사대부 시절 그 시대의 여러 제약을 뛰어넘어 자신의 이름을 당당히 드러낸 유일의 여성 실학자다. 그녀는 부녀자들을 위한 생활 경제 백과사전인 『규합총서閨閤叢書』를 저술했는데 여기엔 음식과 술과 옷 만들기, 옷감 짜기, 염색은 물론 양잠과 문방구에 관한 이야기들이 실려 있다. 한마디로 '주부생활백서'라고나 할까. 그중 한 대목을 살펴보자.

밥 먹기는 봄과 같이 하고, 국 먹기는 여름과 같이 하며, 장醬 먹기는 가을과 같이 하고, 술 먹기는 겨울과 같이 하라.

처음에는 무슨 말인지 선뜻 와 닿지 않았으나 곱씹노라니 선조들의 지혜가 서려 있는 꽤나 운치 있는 문장임을 깨달았다. 계절의 시기와 때에 맞게 음식을 먹어야 한다는 의미로, 밥은 봄처럼 따뜻하게 해야 하고 국은 여름처럼 더워야 하며 장은 가을처럼 서늘해야 하고 마실 것은 겨울처럼 차야 한다는 뜻이다. 이처럼 음식도 기후에 맞춰 그때 그때의 흐름에 따라 적절해야 하는 것처럼, 우리네 사랑도 시간의 흐름에 따라 그 깊은 속내를 내민다.

밥은 봄처럼 따뜻하게

대한민국 남자라면 다 가는 군대에 갔다 와 복학해서 F학점 없이 무사히 대학을 졸업하고 서울의 모 기업에 당당히 입사한 우리의 박팔봉 씨. 20대 후반의 피 끓는 청춘 시절, 그는 상경 길에 올랐다.

"서울아, 내가 간다! 아뵤오."

입사 초기, 그는 동기생들과 어울려 서로의 희망을 되뇌며 포부도 당당하게 미래를 꿈꾸고 계획했다. 임원, 사업가, 대학원 진학, 가업 승계…… 등등 그들 모두에겐 각자 이루고 싶은 무언가가 있었다.

교육훈련OJT을 마치고 드디어 첫 부서 발령. 아, 그런데 하필이면 박팔봉 씨는 자신이 그토록 피하고 싶었던 현장의 첨병인 영업부에 배치되고 말았다. 그렇더라도 어쩌겠는가. 꾹 참고 견디는 수밖에. 신입 사원들의 무덤이라고 불리는 한 지역에 전화를 걸었다. 예상했던 대로 거래처장은 그를 반기지 않는 듯했다. 전화도 받지 않았다. 하지만 그가 누군가. '무식하니까 용감하다'가 신조인 박팔봉이 아닌가.

그는 무작정 거래처장을 찾아갔다. 다짜고짜 왜 왔느냐는 질문에 그는 꾸벅 머리를 숙였다. 매장에 들어서자 뽀얗게 겹겹이 쌓여 있는 먼지가 사업자의 현재 상황을 말해 주는 듯했다. 그는 주저 없이 도구들을 찾아내 청소를 시작했다. 먼지를 털어 내고 밀대로 박박 바닥을 닦았다. 손걸레를 들고 창틀의 먼지도 닦아 내고, 쇼윈도와 책상도 닦았다. 의욕이 앞서긴 했지만 신입인 그가 당장 할 수 있는 건 제한적이었다. 그렇게 청소라도 하지 않으면 안 될 것 같았다. 런칭 방법이 떠오르지 않으니 몸으로라도 때울 수밖에. 거래처장이 그제야 그를 향해 물 한잔을 건넸다.

"사장님, 신입인 제가 영업에 대해 알면 얼마나 알겠습니까. 하지만 자신 있습니다. 사장님의 경륜과 노하우에 제가 가지고 있는 젊음이라는 패기와 열정을 더해 다시 한 번 뛰어 보시죠. 매출 목표 100퍼센트 달성, 그거 얼마든지 할 수 있습니다!"

그는 자신감이 펄펄 넘쳤다.

그렇게 얼마의 시간이 지나 수줍은 봄이 찾아오듯 그에게도 평생을 함께할 여인이 생겼다. 어머니와 뜬구름과도 같았던 첫사랑을 제외하면 처음이나 다름없는 여인과 그는 결혼을 다짐했다. 그녀의 손을 잡고 서툰 걸음으로 식장으로 들어서던 때가 아직도 눈에 선하다.

'나도 이제 한 가정을 책임져야 하는 어른이구나.'

기분이 묘했다. 묵직한 책임감에 어깨가 무겁긴 했지만 그래도 결혼은 해볼 만한 것이었다. 비만 오면 습기가 들어차는 지하 전세방이었지만 사랑의 온기로 얼마든지 견딜 수 있었다.

아내는 새벽같이 일어나 남편을 위해 도시락을 쌌다. 서툰 솜씨지만 자신이 정성껏 싸준 도시락을 먹으며 뿌듯해 할 남편 생각에 흥흥 콧노래가 나왔다.

"와! 이게 뭐야? 역시 우리 자기가 최고야!"

감동에 겨워 뚜껑을 열자 밥 위에는 하트 모양의 콩 장식이 보란 듯이 자리하고 있었다. 그는 '이래서 사람들이 결혼을 하는구나' 싶었다. 그러다 문득 어린 시절이 떠올랐다.

'맞아, 어머니도 이런 밥을 해주셨었지.'

팔봉 씨는 아련한 어린 날의 기억 속으로 빠져 들었다.

"엄니, 밥 줘요. 배고프당게."

"아따, 시방 솥에 끓고 있으니까 쪼매만 기다려라."

철모르는 아이는 군침을 흘리며 연신 숟가락을 두드린다. 이윽고 어머니의 정성으로 차려진 밥상, 그리고 기름기가 좔좔 흐르는 찰진 밥이 단내를 풍기며 식구들의 가슴에 사랑의 불씨를 지핀다.

"엄니, 고마워유! 잘 먹을게유."

"그려, 어여 먹어. 배고플 텐데."

"그런데 엄니 밥은?"

"내는 부엌에서 벌써 먹었으니께 니들이나 어여 먹어."

밥풀이 코에 붙는지 입에 붙는지 모르게 게 눈 감추듯 먹어 치우고 나면 어느새 슬슬 졸음이 밀려왔다. 뜨신 방바닥에 등을 대고 누워 솔

솔 꿈나라로 향할 즈음 문득 생각 하나가 머리를 스쳤다.

'그런데 엄니는 진짜 밥을 드셨을까?'

그랬다. 가족을 위해 언제나 따뜻한 밥상을 차리는 사람들. 자신의 허기 따위는 문제삼지 않던 그 희생정신.

국은 여름처럼 뜨겁게

나무를 닮은 매미가 넉넉한 풍채와 골 깊은 울음으로 계절의 메신저 역할을 해내듯이, 또 다른 변신의 시기가 찾아왔다. 봄을 지나 이제는 울울창창해진 녹색의 싱그러운 향연 속에 흠뻑 취해 보지만 온몸으로 뜨거운 태양을 받아들여야 하는 이 계절이 그리 녹록치는 않다.

30대의 어느 여름날. 직급이 올라가다 보니 팔봉 씨 어깨에 절로 힘이 들어갔다. 그래서인지 그에 눈에 비친 신입사원의 모습이 한심하게만 느껴졌다.

'어째 저리도 동작이 굼뜬지. 나도 예전에 저랬을까?'

그런데 이게 무슨 일인가. 통장에 월급이 들어오지 않은 것이다. 회사가 어렵다고 하더니, 아무래도 심각한 수준에 이른 모양이었다. IMF가 몰아치고, 판매는 되지 않고, 자금은 꽉 막히고, 재고는 쌓여만 가고……. 불안감에 휩싸인 동료들이 하나둘 살길을 찾아 회사를 떠났다.

'어쩌지. 회사를 옮겨야 하나? 동료들처럼 나도 미리 퇴직금 정산

182

받아 옮겨야 하는 거 아니야? 그래도 사람이 의리라는 게 있는데, 그 냥 더 있어야 하나?'

팔봉 씨의 불안감이 점점 커져 갔다.

"여보, 쌀이 떨어졌어요."

"그게 무슨 말이야. 쌀이 없으면 사면 되지."

남편의 철없는 소리에 팔봉 씨의 아내는 어이가 없다. 그랬다. 팔봉 씨는 밖에 나가 돈 번다는 핑계로 살림에 대해 도통 아는 게 없었다.

드디어 현실에 직면한 팔봉 씨는 아내에게 결국 해서는 안 될 말을 주저리주저리 늘어놓았다.

"장모님께 돈 좀 융통해 봐. 다른 여자들은 잘만 그러던데. 그리고 당신도 쉬었던 일 다시 하는 게 낫지 않을까?"

아, 대체 무슨 생각으로 이따위 말을 내뱉었단 말인가. 가장으로서, 남자로서 자존심이라고는 눈곱만큼도 없는 행동이었다. 결국 아내가 눈물을 보이고 말았다. 팔봉 씨는 아내의 가슴에 지워지지 않을 상처를 남겼다. 그는 스스로 생각해도 한심하기 짝이 없었다. 하지만 이미 엎질러진 물이었다.

아내가 금 모으기 운동을 빌미로, 아니 생존을 위해 결혼 예물을 모두 내다 팔았다. 팔봉 씨가 할 수 있는 말은 "앞으로 더 좋은 거 많이 해줄게"뿐이었다.

그렇게 시간이 흐르고 흘러 고난의 시절도 지나가고 제법 넓은 평수의 아파트로 이사도 했다. 사람들이 다 아내 잘 만난 덕분이라고 입을 모았다. 팔봉 씨도 당연히 그렇게 생각했다.

밥이 남자라면 국은 여자와 같다.

다양성도 변화도 없이 그저 묵묵한 밥과 달리 국은 종류와 맛이 매우 다양하다. 향내 나는 토란국, 담백한 근댓국, 입맛 돋우는 냉잇국, 속 풀이에 좋은 북엇국과 콩나물국, 은은한 고향의 맛인 시래깃국, 소고기와 다시마가 조화를 이룬 탕국, 제주도 바닷가 신혼여행 시절의 추억이 어려 있는 성게 미역국, 섬진강 시를 떠오르게 하는 맑은 재첩국 등 국은 다양한 재료와 향미로 삶에 지친 남편을 유혹한다.

식어버린 밥이 따뜻한 국과 조화를 이루면 차가운 기운이 상쇄되듯, 식어버린 마음이 뜨끈한 국을 만나면 온화함으로 물든다. 얼어붙은, 싸늘해진, 삭막한 도시의 현실을 그 뜨거운 기운으로 다시금 되살아나게 한다. 여성은 그런 존재다. 지쳐 있는, 무기력해져버린, 의미를 잃은, 일어설 힘조차 없는, 힘겨운 삶으로 인해 꺼져가는 불씨를 다시 활활 타오르게 하는 국과 같은 존재다. 남자는 그런 존재를 통해 다시금 여름의 뜨거움을 품는다.

장은 가을처럼 서늘하게

가을은 열매와 곡식을 추수하는 결실의 계절이기도 하지만 또한 다가올 겨울을 대비하는 시기이기도 하다. 따뜻하지도 춥지도 않은 가을은 어쩌면 속내를 잘 드러내지 않는 여인네의 마음과도 같다. 또한 모든 과실이 마지막까지 충실히 영글어 그 깊은 맛을 간직하는 성숙한

184

여인네 같기도 하다. 그래서인지 신은 이 완숙의 시기에 서로서로 더욱 힘을 합치도록 했다.

팔봉 씨네 가족이 드디어 집을 장만했다. 은행 대출을 끼고 샀으니 온전하게 내 것이라고 하긴 그렇지만 어쨌거나 번번이 이사하며 고생하지 않아도 되는 내 집이 생긴 것이다. 서울 한복판에 이렇게 내 집을 장만한다는 게 어디 쉬운 일인가. 팔봉 씨는 그동안 이사를 몇 번이나 다녔는지 헤아려 보았다. 손가락으로 다 꼽을 수도 없다. 그동안 노력하고 고생한 보상을 받는 것만 같아 기분이 째질 듯이 좋았다. 세상의 흐름대로 명의는 아내와 공동으로 했다.

그는 종종 사무실에 들르는 안면 있는 보험 설계사에게 전화를 걸었다. 종신보험을 들기 위해서였다.

"웬일이세요? 그렇게 권해도 거들떠보지도 않으시더니."

그러게 말이다. 자신도 나이가 드니 변한 모양이다. 하지만 썩 내켜서도 아니었다. 사실 모든 남자들이 그렇듯이 팔봉 씨의 목적도 똑같았다. 혹시 모를 불상사에 대비해 아내와 아이들을 위해 무언가라도 남겨 주고 가야 할 것 같아서였다.

"최소한 억대 이상 남겨 주려면 대체 얼마짜리를 들어야 하는 겁니까?"

팔봉 씨는 괜스레 마음이 급해졌다. 아이들 대학교도 보내고 결혼도 시키려면 앞으로도 만만찮은 돈이 들어갈 터였다. 아무래도 등이 휠 것 같은 삶이 계속될 가능성이 컸다.

팔봉 씨가 아내와 함께 마트에 장을 보러 나왔다. 갑자기 어디선가

메가폰 소리가 들려왔다.

"자, 지금부터 반짝 세일을 시작합니다! 불포화 지방산과 오메가 쓰리 성분이 가득해서 성인병과 수험생 자녀분들에게 최고인 등 푸른 생선, 싱싱하고 펄떡펄떡 뛰는 고등어를 딱 10분 동안 파격적인 할인가에 팔도록 하겠습니다!"

세월아 내월아, 느긋하던 여인네들의 움직임이 갑자기 우사인 볼트도 울고 갈 만큼 빨라졌다. 그런데 더 놀라운 것은 평소 그토록 수줍음 많던 아내가 그 무리에 동참하고 있다는 것이었다. 그런 아내의 모습을 보자 민망하기 짝이 없었다. 팔봉 씨는 누가 볼까 싶어 저만치 떨어져서 아내를 지켜보았다.

여인네들의 눈초리는 올빼미 저리가라였다. 쇼핑 카트를 팽개친 채 기습 번트를 하고 1루를 향해 죽을 둥 살 둥 달려가는 주자처럼 목표점을 향해 힘차게 세이프를 시도했다. 생각지도 않았던 가격 할인에 이게 웬 횡재인가 싶은 표정들이다. 그러나 횡재가 더러 악재가 되기도 하는 게 인생살이 아니겠는가.

"비켜요! 내가 먼저 왔잖아요."

"아니, 이 아줌마가 무슨 소리야? 내가 먼저 줄 섰다고!"

"무슨 소리예요? 나 아까부터 여기 있었거든요!"

"웃기는 소리 하고 있네."

"뭐라고요? 이 아줌마가 어따 대고 반말이야! 새치기나 하는 주제에!"

급기야 언성이 높아지고 삿대질이 오가더니 밀고 당기는 몸싸움으로까지 이어졌다. 여인네들은 목표물을 향해 손을 내밀며 서로 먼저

186

달라고 아우성을 쳤다. 남자들의 치열한 조직생활과 별반 다를 게 없었다. 그 바람에 쌓여 있던 상품들이 순식간에 동이 나고 말았다. 그리고 언제 그랬냐는 듯 마트 안은 거짓말처럼 다시 평온을 되찾았다. 여인네들도 다시 조신한 중년 여인의 모습으로 돌아가 각자 제 갈 길을 향해 총총히 사라졌다.

아내와 산 지 10년이 훌쩍 넘었지만 팔봉 씨는 아직도 여성들의 행동을 이해하지 못할 때가 많다. 물론 수많은 아내들이 이 말을 듣는다면 눈을 동그랗게 뜨고 항변할지도 모른다.

"나도 처녀 때는 부끄럼 많은 순진한 여자였다고! 하지만 당신도 아이 둘 낳고 키워 봐! 세상 무서운 게 없어질 테니!"

"나도 편하고 우아하게 장 보고 싶다고요. 누구처럼 비싼 유기농 매장 가서 품위 있게 쇼핑할 줄 몰라서 이러는 줄 알아요? 치솟는 물가에 쥐꼬리만 한 남편 월급 쪼개서 살림하다 보면 누구라도 다 그렇게 된다고요!"

아내가 고등어 한 봉지를 들고 개선장군처럼 늠름한 포즈로 팔봉 씨를 향해 다가왔다. 아내의 얼굴 한구석 시린 웃음이 오래전 자신의 모습과 겹쳐졌다.

술을 무척이나 좋아하는 사업자가 있었다. 술이라면 정말 사족을 못쓸 정도였다. 그런 그의 마음을 열게 해 목표를 달성하려면 그의 코드에 맞추는 수밖에 없었다. 팔봉 씨는 그와의 친목을 위해 마시지도 못하는 술을 먹기 시작했다. 한 잔이 두 잔 되고 두 잔이 세 잔이 되면서 슬슬 술이 늘자 원래 술을 잘 먹는 체질이 따로 있는 게 아니라는 생각마저 들었다.

어느 날 목표 달성이라는 절대 과업의 사명을 띠고 3차 장소로 술자리를 옮겼을 때였다. 취기가 올라 서로 몽롱한 가운데 그가 농담을 던졌다.

"어이, 박 과장! 신발주 마실 줄 알아?"

팔봉 씨가 의아한 표정을 짓자 그가 입구에 널려 있는 신발 중 커다란 등산화 하나를 집어 들고 오더니 거기에 막걸리를 비롯해 각종 주류와 남은 음식물과 담뱃재까지 넣고는 이렇게 말했다.

"이게 신발주라고 하는 건데, 마실 수 있겠어? 당신이 마시면 내가 이달 매출 100퍼센트 책임지지! 입금은 기본이고!"

순간 가슴이 뜨끔하더니 목이 멨다. 취했던 술이 한순간에 확 깨는 것만 같았다.

'세상이 다 이런 건가. 어떻게 해야 하나. 마셔야 하나 말아야 하나. 남자 자존심이 있지. 어쩌다가 저런 저질스런 놈을 만나 이 꼴을 당해야 하나.'

팔봉 씨는 질끈 눈을 감고 목구멍 깊숙이 신발주를 쑤셔 넣었다. 더러운 세상, 야비한 세상, 그럼에도 살아야 하는 세상. 그게 인생이니까. 곱디곱던 얼굴로 부끄럼을 타던 아내는 그렇게 남편과 더불어 인생의 쓴맛을 배워간다. 살아야 하니까.

마실 것은 겨울처럼 차갑게

차가운 칼바람이 분다. 팔봉 씨는 전기스토브를 꺼내기 위해 창고를 뒤지다 무언가를 발견했다. 한쪽 구석에 어지럽게 방치되어 있던 액자. 결혼식 사진이다. 이런, 이게 왜 여기 있지? 한참을 바라보다가 집 앞 놀이터로 내려와 담배 하나를 꺼내 문다. 의사가 담배를 줄이라고 했지만 그게 어디 마음대로 되는 일인가. 그건 그렇고 결혼식 액자가 왜 거기에 처박혀 있는 거지? 씁쓸하다. 아옹다옹하며 살았지만 그렇다고 아내와 사이가 나쁜 것도 아니었다. 문득 몇 달 전에 있었던 사건이 떠올랐다.

함께 살아온 날들이 길어지면서 가끔 결혼기념일을 잊어버리곤 한다. 그날도 여지없이 술에 취해 자정 무렵이 되어서야 집으로 돌아오는 길에 문득 생각이 났다.

'아차, 오늘이 그날이잖아. 어떡하지. 꽃이라도 사들고 들어가야 하는데.'

하지만 집 근처 화원은 이미 문을 닫은 상태였다. 고민고민하다가 변칙이지만 꼼수를 하나 생각해 냈다.

'어쩔 수 없지. 주인한테는 좀 미안한 일이지만 날이 날이니 만큼 오늘만 좀······.'

누가 볼세라 주위를 두리번거리고는 화원 앞에 전시되어 있던 커다란 나무의 줄기를 꺾어 승리의 월계수를 두른 선수처럼 의기양양한 모습으로 집으로 향했다.

"여보! 나 왔어. 오늘 우리 결혼기념일이지? 축하해!"

기세도 등등하게 선물을 내밀었다. 아내는 어이가 없는지 말을 잇지 못했다.

"이거, 요 앞 화원에 전시되어 있는 나무 꺾은 거 아냐? 아이고! 내가 못살아, 이 화상아!"

변치 않는다는 것은 어쩌면 허상일지도 모른다. 변해 가는 건 어쩔 수 없는 사실이지만, 기어코 다시 찾아오는 계절처럼 처음 그 자리로 다시 되돌아 갈 수 있다면 얼마나 좋을까. 두툼해진 남편의 뱃살만큼이나 아내의 눈가에도 잔주름이 늘어만 간다.

부부의 결혼사진이 기억의 저편으로 떠밀려간 만큼 아이들의 모습이 그 공간을 대신하고, 늘어가는 새치만큼 아내와의 관계도 느슨해진다. 아내는 사는 게 늘 힘들다고 말한다. 직장에서의 남편의 위치와 역할의 버거움을 아내들이 알기나 할까. 밖으로 표현하지 않아서 그렇지 남자들도 할 말이 많다는 걸 여자들이 알기나 할까.

취업포털 잡코리아가 30~40대 남성 직장인 247명을 대상으로 누구와 함께 있을 때 가장 편하냐고 물었다. 그 결과 혼자라고 답한 사람이 41.3퍼센트로 가장 많았고 친구가 22.7퍼센트였으며 다음이 아내로 18.6퍼센트였다. 가장 가까워야 할 존재인 아내가 3위라는 결과를 어떻게 해석해야 할까.

봄이 감성의 계절이라면 겨울은 이성의 계절이다. 감성으로 뭉쳐진 마음은 어느 시기가 지나면 시무룩하게 가라앉는다. 그러면서 서로의

190

마음속에 대답 없는 외침들이 들어찬다.

'도대체 내가 왜 저 인간하고 계속해서 살아야 하는 거지?'

'왜 하나에서 열까지 마음에 드는 게 하나도 없는 거냐고!'

'입이 닳도록 잔소리를 해도 바뀌는 게 아무것도 없어!'

퇴근 후 집에 돌아와 옷을 갈아입는데 아내가 소리친다.

"여보! 오늘은 제발 양말 홀랑 뒤집어 놓지 말고 똑바로 벗어서 바구니에 넣어. 세탁할 때마다 일일이 뒤집으려면 얼마나 힘든 줄 알아? 알았지?"

듣는 둥 마는 둥, 양말을 벗어 세탁물 바구니에 휙 집어넣는다. 아마도 아내는 지금 이런 생각을 하고 있을 것이다.

'저 인간이 귓구멍이 막혔나. 이날 이때까지 수천 번 말했는데도 도무지 들어먹지를 않네.'

봄날의 고양이 같기만 하던 아내는 이제 입만 열면 "으르릉!"대는 씩씩한 호랑이가 됐다. 예쁘고 섹시하게 "야옹!" 하며 미소 짓던 그녀도 세월의 무게를 이길 수는 없는 모양이다.

사랑은 이와 같다. 세상살이도 마찬가지이다.

4부

시대가 원하는
남자가 되는
5가지 방법

1
남자만의 야성 본능을 깨워라

남자의 자존심

힘없이 집 안으로 들어서는 남편의 어깨가 왠지 무거워 보인다.

"수고 많았어요."

아무 말 없이 씻지도 않고 자신의 서재로 들어가는 남편을 눈치 빠른 아내가 놓칠 리 없다.

"회사에서 무슨 일 있었어요?"

"일은 무슨 일. 그냥 피곤해서…… 쉬고 싶어."

그런다고 그냥 놓아 둘 아내가 아니다.

"왜, 사장님한테 또 깨졌어?"

"아무 일 없다니까."

"아무 일 없다면서 표정이 왜 그래? 나한테 얘기해 봐요."

이럴 때 이어지는 남자의 반응은 다음 중 어떤 것일까?

① 아내의 관심에 눈물겹도록 고마워한다.

② 일단 밥 한 그릇 뚝딱 해치우고 말문을 튼다.

③ 버럭 화를 낸다.

그렇다. 정답은 3번이다. 남자도 여자처럼 갱년기를 겪는다는 사실을 아는가. 그런데 문제는 그런 낌새를 눈치 챈 아내의 태도다. 여자들은 절대로 남자를 그냥 놓아두지 않는다. 자신들처럼 남자들도 마음속에 있는 것들을 밖으로 끄집어 내놓아야 풀린다고 생각한다.

하지만 남자들은 그런 순간 동굴로 들어가고 싶어 한다. 자신만의 영역으로 들어가 에너지를 충전하고 혼자서 쉼을 만끽하고 싶어 한다. 얼마나 좋은 방법인가. 몸 버려가며 허튼 곳에 가서 돈 쓰는 것에 비할 바가 아니다.

여하튼 이 시기에 동반되는 증상은 매우 다양하다. 그중 성적 능력이 급격하게 떨어지는 것을 빼놓을 수 없다. 보통 남자들은 성적인 자신감과 충만함을 남성의 자존심과 존재 그 자체로 여기는 경우가 많다. 한자의 의미를 보더라도 그 형상이 남성의 상징성을 그대로 드러낸다는 것을 알 수 있다. 사내 남자인 '男'의 의미를 두 가지로 해석해 보자.

첫 번째는 밭田에서 힘力을 쓴다는 의미이다. 무슨 힘을 어디다 어떻게 쓰는지는 모르겠지만 여하튼 역사는 밭에서 이뤄졌다는 문헌상의 기록이 전해진다.

두 번째는 좀더 세부적으로 나누어 열 명十의 입口을 먹여 살릴 수 있는 힘力을 가진 사람이라는 의미이다. 열 명의 자식을 먹여 살리기 위해 남자는 얼마나 용을 써야 할까. 어쨌든 한자인 '男'에 '力'이 들어가 있는 것으로 미루어 볼 때, 이 욕망에 대한 남자들의 욕구가 어느 정도일지 짐작할 수 있다.

일례로 예전에는 동남아 여행이라도 할라치면 빠뜨리지 않고 사오던 물건 중 하나가 정력제였다. 또 공중목욕탕에 가 보면 일단 신체에 자신 있는 남성들은 샤워기 앞에서 꽤 오랜 시간 포즈를 취하는 것을 어렵지 않게 목격할 수 있다. 이런저런 액션을 취하며 흐르는 물줄기에 자신의 몸을 적신 채 자아도취에 빠지는 것이다. 반면 크게 자랑할 것 없는 나 같은 남자들은 귀퉁이에 쭈그리고 앉아 바가지로 물을 퍼 끼얹는 행동을 반복하다가 얼마 안 가 서둘러 욕탕을 나온다.

여탕도 별반 다르지 않다는 이야기를 들은 적이 있다. 몸매에 자신감이 넘치는 여성들 중 심한 경우에는 목욕탕 안을 제집 안방인 양 휘젓고 다니기도 한단다. 좀더 디테일하게 설명하고 싶어도 내 눈으로 본 게 아니니 이 정도로 하는 걸로.

너무도 당당한 그녀들

A 연예인 동영상 파문이 장안의 화제로 떠오른 적이 있다. 대한민

국의 불꽃같은 국민성에 힘입어 삽시간에 퍼져나간 결과 오히려 보지 않은 사람이 희귀할 정도였다. 연예인 신분이라는 직업적 타이틀에 따른 호기심도 있었겠지만, 예전의 여러 경우를 보더라도 이런 가십이 뜨면 신분과 직위를 막론하고 모두가 인간의 원초적 본능에 충실해지는 모양이다. 그런데 남성들보다 오히려 여성 집단이 더 열성적이다. 아무래도 함께 보고 나눠 보고 돌려 보는 데 더 적극적이어서 그런 게 아닐까? 그러다 보면 급기야 진원지인 자신에게로 다시 리턴하는 웃지 못할 일이 생기기도 한다.

"지민이 엄마, 그 영상 봤어?"

"그럼! 아이고 망측해라. 텔레비전에서 볼 때는 조신해 보이더니, 암튼 얌전한 고양이가 부뚜막에 먼저 올라가는 법이라니까!"

"우리 남편도 봤을까?"

"물론이지! 남자들은 숟가락 들 힘만 있어도 그 짓거리를 한다잖아. 평소 드러내지 않아서 그렇지 벌써 보고도 남았을 족속들이라고!"

"어제 저녁 눈이 벌게 있던 게 그럼 혹시 그것 때문?"

생리적 구조상 더 밝히는 게 마땅할 남성들이 성性 이야기만 나오면 오히려 쉬쉬하며 어둠 속에서 즐기는 데 반해, 여성들은 요조숙녀를 불문하고 당당하고 공개적으로 즐긴다. 남자들은 이런 현상을 보고 세상이 변했네, 망조네 하고 말하지만 오히려 수면 위로 끌어 올려 당당하게 이야기하는 모습이 오늘날 여성 상위시대의 또 다른 실체가 아닐까.

영업부 나박력 씨는 필드에서 활동하는 팀장급 여성 조직을 대동하고 태국 여행을 인솔 중이다. 여행사 직원과 함께 서른 명이 넘는 인원을 담당하다 보니 기간 내내 긴장의 끈을 놓을 수 없다. 거기다 늦은 밤 혹시 모를 불상사를 방지하기 위해 불침번까지 서야 하니 피곤하기가 이루 말할 수 없다. 덕분에 그는 여행 내내 관광은커녕 부족한 잠을 보충하기 위해 차를 탈 때마다 쪽잠을 자기 바빴다. 그런 와중에 마지막 일정이 다가올 무렵 가이드가 분위기를 살피더니 조심스럽게 옵션 코스를 제안한다. 흔히 말하는 남자와 여자가 무대에 나와 성적 행위를 묘사하는 삼류 쇼였다.

"한번 보시렵니까?"

한심한 제안이었다. 우리 수준을 도대체 뭘로 보고 이런 제의를 하는 건지. 그녀들이 그런 저질 쇼를 볼 리가 없지 않은가. 시큰둥한 반응을 보이자 그는 자신 있다는 듯한 표정으로 다시 이야기를 꺼낸다.

"일단 소개나 해보시죠. 개인의 선택 사항이니까요."

다행스럽게도 여성들의 반응은 나박력 씨의 예상대로였다.

"어머, 망측스럽게! 그런 걸 어떻게 봐요."

'그럼 그렇지' 하며 나박력 씨는 안심했다. 하지만 그것도 잠시. 한곳에 모여 한참을 수군대던 그녀들이 결국 몸이 불편한 한 분을 제외하고는 전원 공연 관람 신청을 하고 만 것이다. 예상치 못한 상황에 적잖이 당황했지만 그녀들의 의사를 무시할 수는 없었다. 버스는 어느 좁다란 회색 건물 앞에 다다랐고 안으로 들어서자 많은 사람들이 다닥다닥 붙어 앉아 공연 시작을 기다리고 있었다.

'대체 이게 뭔 일이람!'

투덜대는 나박력 씨와는 달리 그녀들의 눈이 반짝반짝 빛났다. 힘들다고 일정 내내 졸려 하던 평소의 풍경과는 사뭇 다른 모습이다. 암전이 되고 정말로 고대하던 실제 상황이 펼쳐지자 나박력 씨는 시선을 어디다 둬야 할지 몰라 안절부절못했다.

'해외까지 나와서 어떻게 이런 걸 보여 주느냐고 나중에 클레임이 들어오는 건 아닐까?'

하지만 그건 그만의 기우에 지나지 않았다. 눈을 가리고 부끄러워 빨개진 얼굴을 감싸며 훔쳐보던 그녀들이 슬슬 대담해지더니 기를 쓰고 무대에 몰입하며 진지함 그 이상의 모습을 보였다.

'관광 코스가 재미없다고 아우성치던 사람들 맞아?'

무대 상황이 절정으로 치달을 즈음 모두가 숨죽여 무대에 집중하고 있는데 느닷없이 누군가 소리를 지른다.

"앞사람들 머리 때문에 안 보이잖아요! 마카 수구리(경상도 사투리로 모두 머리를 숙이라는 말)!"

소리를 지른 장본인은 여행 내내 가장 조신하고 얌전하게 자리를 지키고 있어서 이런 분위기와는 절대 어울리지 않는다고 확신하던 바로 그녀였다.

조용히 즐기는 남자들

극히 일부이긴 하지만 한낮 사우나에서 질펀한 차림으로 걸터앉아 한손에 화투장을 낀 채 살림살이 이야기하듯 아무 거리낌 없이 음담패설을 나누는 여성들과 달리, 남자들은 나이가 많든 적든 숨어서 몰래 즐기는 경향이 있다. 국가정보원도 아니면서 무슨 비밀이 그리 많은지 고독을 즐기듯 혼자서 은밀함을 탐닉한다.

노래방이나 룸살롱을 봐도 그렇다. 지상보다는 지하를, 광명의 대낮보다는 음침한 어둠 속을 남성들은 꾸역꾸역 찾아다닌다. 그러고는 보름달이 뜨는 밤 산꼭대기에 서서 '아오' 하며 외로운 울음을 토해내는 늑대처럼 감춰진 내면을 뿜어낸다.

퇴근길 지하철, 옆자리에 점잖은 중년 신사 한 분이 앉아 신문을 보고 있었다. 어찌나 양복을 멋스럽고 단정하게 차려 입었는지 마치 영국 신사를 보는 듯해 눈이 갔다. 그런데 조금씩 시간이 지나자 그의 태도가 어딘가 불안해 보였다. 갑자기 주위를 두리번거리더니 그가 신문을 야금야금 포개고 있는 게 아닌가. 왜 그러나 싶어 흘깃 보니 비키니 차림을 한 여성의 사진을 대놓고 보기 민망하자 티 나지 않게 혼자만 즐길 수 있는 방법을 강구하고 있었던 것이다.

이처럼 남자들은 오랜 기간 조용히(?) 즐기는 데 익숙해져 있다.

소년 티를 갓 벗은 까까머리 중학생 시절, 형 방에서 우연히 이상야릇한 책을 발견한 적이 있다. 흔히들 '빨간책'이라고 하던 그렇고 그런 내용의 책이었다. 태어나서 처음으로 아담과 이브의 벗은 몸을 대면하는 진정 가슴 떨리는 순간이었다. 이렇게 좋은 걸 형 혼자 몰래 숨겨놓고 보다니⋯⋯.

미지의 세계를 발견한 것처럼 흥분되는 감정을 숨길 수 없었다. 그러면서도 못 볼 걸 본 것처럼 얼굴이 화끈거렸다. 짜릿한 전율과 주체할 수 없는 두근거림이 온몸을 들뜨게 했다. 나는 귀한 보물이라도 찾아낸 사람처럼 누가 볼세라 그 책을 얼른 내 책가방에 집어넣었다.

밤이 되어 잠자리에 누웠지만 좀체 잠이 오지 않았다. 생각하지 않으려 해도 머릿속엔 온통 낮에 본 잡지 속 사진들이 아른거렸다. 세상에 이런 묘한 장난감이 있다니. 그날 밤 나는 온갖 상상의 날개를 펼치느라 늦도록 잠들지 못했다.

지금이야 인터넷 환경이 발달해 초등학생까지도 쉽게 그런 문화에 노출되는 세상이지만, 나 어렸을 때만 해도 기껏해야 《선데이서울》이라는 잡지를 뒤적거리는 게 전부였다. 오죽했으면 가수 윤복희 씨가 미니스커트를 입고 귀국하자 어르신들이 난리법석을 떨었겠는가.

꼬리가 길면 밟힌다고 했던가. 그 정도의 탐닉으로 끝냈어야 했다. 가족들이 있는 집에서 공개적으로 볼 수 없는 노릇이니 학교 화장실에 숨어 맘 편히 봐야겠다는 생각에 나는 그 책을 학교까지 가져가고 말았다.

재수 없는 놈은 뒤로 자빠져도 코가 깨진다고 하더니, 아뿔사! 종례 시간이 되자 담임선생님이 잔뜩 화가 나서 들어오시는 게 아닌가.

"쉬는 시간 화장실에서 담배 피운 놈이 누구야? 망원경으로 보니 모락모락 연기가 잘도 피어오르던데, 빨리 자수해서 광명 찾아라!"

당연히 아무런 반응이 없었다.

"오! 끝까지 숨기겠다 이거지. 좋아! 가방에 든 거 싹 다 꺼내서 책상 위에 올려놔! 걸리면 오늘 줄초상 나는 줄 알아라!"

202

오, 신이시여! 하필 오늘 같은 날 가방 검사를 할게 뭐람!

"승호! 이게 뭐야?"

아! 정말이지 쥐구멍이라도 있으면 당장이라도 숨고 싶은 심정이었다. 나는 그날 고개를 숙인 채 오랜 시간 반성문을 써야 했다.

그대 이름은 사냥꾼

피터 매캘리스터의 『남성 퇴화 보고서』는 고대 타히티의 성공적인 유혹자가 될 요건을 갖춘 남자에 대해 이렇게 명시한다.

북을 잘 치는 남자(여자들이 그를 쫓아다닐 것이다)

코로 휘파람을 잘 부는 남자(여자들이 그를 억지로 끌고 갈 것이다)

아침에 멱을 감는 얼굴이 잘생긴 아리오이 댄서

붙었다하면 …… 이기는 …… 유명한 씨름꾼

적의 곤봉에 머리를 한 번도 맞지 않은 전사

아름다운 뗏목을 만드는 목수

멋진 집을 짓는 남자

무엇이 느껴지는가. 처음부터 남자의 직업은 싸워서 목표물을 쟁취하는 파이터의 본능을 가진 사냥꾼이었다. 그들은 여기에 목숨을 걸었다. 이유는 하나! 세상은 먹고 먹히는 약육강식과 생존 본능의 전쟁터였기 때문이다.

이 같은 능력은 오늘의 기업 비즈니스 시장에도 그대로 적용된다. 그렇기에 세계를 지배했던 로마인의 강력한 전투력과 힘을 일깨우는 작업이 이제는 기억 저편에 잠들어 있던 당신이 해야 할 과제다.

현대는 데이터 전쟁 시대다. 그 데이터는 남자들의 대뇌 속에 이미 프로그래밍화 되어 있다. 사냥을 나가기 전 완전 군장을 한 형태로. 스나이퍼는 한 방을 기다린다. 사냥에서 목표물을 쟁취하기 위한 기다림은 필수조건이다. 이는 곧 골을 향한 끈질긴 투쟁으로 이어진다. 성취감의 요소는 무엇보다 중요하다.

남자에게는 사냥 이후 획득한 전리품에 대한 환호의 DNA가 숨어 있다. 그것은 약간의 조건과 요소만 주어지면 자동반사적으로 튀어 나온다.

팀 체제에서의 절대적인 헌신. 이는 최고의 결과물을 탄생시킨다. 남자들은 전쟁에서 살아남는 법을 알고 있다. 어떻게 하면 이기고, 어떻게 하면 굴복하지 않을 수 있는지를 오랜 기간 동안 경험을 통해 체득해 왔다. 힘의 우위를 바탕으로 한 사냥법에서 활용되었던 이 같은 전투 기술을 남자들은 다시 되새김질한다.

그들에게 중요한 것은 외부로부터 새로운 것을 배워 나가는 것이 아니다. 자신에게 드리워져 있던 야성의 본능을 키우고 진군의 나팔을 부는 것이다. 조지프 캠벨은 『신화와 인생』에서 다음과 같이 이야기했다. "영웅의 여정의 목표는 여러분 자신이다. 즉 여러분 자신을 찾는 것이다."

204

2

때론 조신하게
때론 화끈하게

한 해가 새롭게 밝았다. 새롭다는 것은 모두의 마음을 기대와 희망에 들뜨게 한다. 그리고 누구든 무언가에 도전하게 만든다. 학업, 운동, 어학, 자격증 등 각자의 소망을 이루기 위해 출발 신호가 울리고 사람들은 기다렸다는 듯 힘껏 달려 나간다.

　이런 다짐들을 작심삼일에 그치지 않고 오래 지속하려면 남다른 엔진이 필요하다. 그래서인지 얄궂게도 1월을 뜻하는 영어 'January'는 '야누스의 달'을 뜻하는 라틴어 'Januarius'에서 유래했다. 두 얼굴을 가진 야누스의 모습은, 앞을 향해 달려 나가지만 과거에 발이 매여 있는 우리의 양면성과 닮아 있다. 또한 양가적인 감정과 형상을 복합적으로 품고 있으며 몇십 년의 희로애락을 함께해도 좀체 속을 알 수 없어서, 그 안에 도대체 무엇이 감춰져 있는지 쉽게 실체를 노출하지 않는 여성의 모습과도 흡사하다.

세계적인 천재 물리학자 스티븐 호킹 박사. 영국 케임브리지 대학에서 30년 동안 석좌 교수를 지냈던 그가 70세 생일을 맞아 과학 잡지 《뉴사이언티스트》와의 인터뷰에서 자신의 심경을 밝혔다.

"박사님은 요즘 무슨 생각을 하며 지내시나요?"

기자는 내심 근사한 이야기를 기대했다. 하지만 박사의 입을 통해 나온 말은 뜻밖이었다.

"여자. 그들은 완벽한 미스터리이거든."

끝이 보이지 않는 우주의 신비를 파헤치는 데 일생을 바친 그도 여자라는 문제에 있어서는 뭇 남성들처럼 골머리를 앓는 모양이다.

여성들의 대화법

남성의 시각에서 바라본 여성들은 대체로 복잡한 속성을 지니고 있는 것으로 인식된다. 대화를 할 때도 보통의 남자들처럼 단순하게 직설적으로 질문하지 않고, 솔직하게 감정을 표현하기보다는 꼭 넝쿨처럼 빙빙 돌려 이야기한다.

그럴 때면 나를 비롯해 우매한 남성들은 그 질문과 감정 표현을 어떻게 받아들이고 해석해야 할지 고민이다. 심지어는 아무런 생각 없이 툭 던진 한마디 때문에 골머리를 앓기도 한다.

한 가정의 출근길 풍경을 들여다보자.

"자기야, 나 뭐 달라진 거 없어?"

아내의 느닷없는 질문에 남편이 움찔한다. 아침부터 이게 무슨 수수께끼람. 도대체 뭐가 달라졌다는 것인지 남편은 도무지 감을 잡을 수 없다.

'매일 보는 얼굴인데 달라질 게 뭐가 있어. 바빠 죽겠는데 아침부터 무슨 소릴 하고 있는 거야. 하여튼 여자들이란 희한한 걸로 꼬투리를 잡는다니까.'

남편은 속생각과 달리 의무감에 아내의 머리에서 발끝까지 훑어보는 시늉을 한다. 그래도 달라진 점은 보이지 않는다.

'그냥 자기가 직접 말하면 될 걸 가지고 꼭 이렇게 수수께끼 하듯 해야겠냐? 바빠 죽겠는데!'

슬슬 짜증이 났지만 그래도 아무 거나 얼른 말하고 가야겠다고 생각한다.

"머리 새로 했나 보네."

무성의한 남편의 대답에 아내는 입을 삐죽인다.

"벌써 일주일도 지났는데."

'헐! 일주일 전에 했다고?'

그날 저녁, 남편은 김이 모락모락 나는 따뜻한 밥상을 그리워하며 라면을 끓인다. 그리고 얼마 후 또 다른 아침 출근길.

"자기야, 오늘 무슨 날인 줄 알지?"

'또 이러네. 환장하겠다. 무슨 날이긴? 내 꼴을 보면 모르니? 어제 새벽까지 술 마시고 늦게 일어나 지각만큼은 면하려고 허겁지겁 급하게 출근하는 날이지. 거기다 기획서 작성해 올리느라 고달픈 하루가 될 것 같은데 아침부터 이게 무슨 시추에이션이람.'

아내는 왜 꼭 바쁠 때 이런 질문을 하는 것일까. 그냥 직설적으로 말하면 좋을 텐데. 그러면서도 남편은 지난번의 악몽을 되새김질하지 않기 위해 재빨리 머리를 굴린다.

'생일인가? 아니야. 그건 지난번에 챙겨 줬잖아. 그럼 결혼기념일인가? 그건 아직 멀었는데. 그럼 장모님 생신인가? 그것도 아닌 것 같고. 에라, 모르겠다.'

남편은 심호흡을 하고 에라 모르겠다 카운터펀치를 날린다.

"우와, 당신 곗돈 타는 날이구나. 그렇지? 역시 내 기억력은 대단해!"

아내의 표정이 급격히 어두워진다.

"자기랑 나랑 처음 만난 날이잖아, 오늘이!"

그날 저녁 그는 또다시 라면을 끓이며, 사는 게 참 힘들다고 생각한다.

육감, 여자들만의 기막힌 능력

월요일 주간 회의가 끝나고 답답한 마음에 잠시 바람을 쐬고 돌아오자 따끈한 커피 한 잔이 홍 팀장을 맞이한다. 거기다 "팀장님, 오늘 하루도 파이팅!"이라는 문구가 적힌 하트 모양의 핑크빛 포스트잇까지 붙어 있다. 누가 이렇게 예쁜 짓을 했을까.

"기분이 가라앉으신 것 같아서 제가 준비했어요."

막내인 미선 씨가 생글생글 웃으며 눈인사를 한다. 인사고과를 앞둔 터라 다분히 의식적인 행동인 것을 알면서도 칙칙하던 기분이 이내 좋아진다. 사실 주말 내내 머릿속이 복잡했다. 오늘 발표할 브리핑 자료 준비 관계도 있었지만 다음 주 어머니 생신 건으로 아내랑 한바탕 언쟁이 있었기 때문이다. 그런 터에 회의 분위기까지 살벌했던 것이다.

"미선 씨, 고마워요!"

홍 팀장은 문득 아내에게는 이런 센스가 없는 것인지, 아니면 일부러 없는 척하는 것인지 궁금해졌다.

여성에게는 외부로 드러나지 않는 제3의 감각인 육감이란 게 있다. 오래전 동굴 속에서 생활할 때 남자가 밖에서 무슨 수작을 벌이고 왔는지를 알아차리려면 자연히 또 다른 필살의 무기가 필요했을 것이다. 눈치코치 갖가지 수단을 동원해서라도 행태를 살피고 추측해 내야 하는 게 여자의 임무였다. 그렇게 이어내려 온 게 바로 육감이며, 이 능력은 경이롭다고까지 할 수 있다. 굳이 남성들처럼 바깥으로 드러내 말하거나 듣지 않고도 차림새나 행적, 기분 등을 추론하다 보면 확률적으로 거의 정답에 들어맞는다.

또 다른 가정의 사례를 살펴보자.

송년회다 뭐다 해서 남자는 상사의 권유에 못 이겨 어쩔 수 없이(?) 여인들이 가득한 술집에 동행했다.

'이거 참, 아내한테 들키면 그 즉시 사망인데 어쩌지? 사우나라도

들렀다 가야겠다.'

완전 범죄를 꿈꾸며 말끔하게 정리하고 충분한 명분도 준비해 집으로 돌아온 남편에게서 아내는 왠지 모를 냄새를 감지한다. 그러고는 콧소리를 내며 이렇게 말한다.

"자기 좋은데 갔다 왔나 봐."

왜 여자들은 작전을 꾸미는 순간 목소리가 달라지는 것일까. 여하튼 고단수의 넘겨짚는 말에 남편은 정신을 차려야지 하면서도 이미 말려들고 있다. 더듬거리며 다른 곳을 바라본다. 그러고는 강한 어조로 부인해 보지만 한풀 꺾인 목소리다.

"좋은 데라니? 나는 자고로 하늘을 우러러 한 점 부끄럼이 없는 사람이야, 이거 왜 이래!"

남자는 순간 가슴이 철렁 내려앉는다.

'뭐야? 아는 눈치인데. 무슨 낌새라도 차렸나? 양복에서 이상한 냄새라도 맡은 거야? 아니야. 그냥 해본 소리에 넘어가면 안 되지.'

남편은 마음을 다잡고 괜스레 헛기침을 한다.

"그래? 좋아! 그럼 내 눈 똑바로 봐봐. 어디 다른 데 갔다 왔는지 안 갔다 왔는지 확인해 보게."

'눈을 보라고? 못할 것도 없지.'

하지만 조금이라도 켕기는 게 있으면 시선을 정면으로 마주치지 못하는 게 남성들의 습성이다. 결국 사선으로 쳐다보는 남편의 꼬리를 잡고 아내는 회심의 일격을 가한다.

"이것 봐. 내가 예상한 대로지. 바른대로 말해. 얼른 바른대로 불라고!"

시계 바늘이 자정을 훌쩍 넘었는데도 아내는 들어올 생각을 하지 않는다.

'뭐야, 누굴 만나기에 지금껏 아무 연락도 없는 거냐고. 내가 이번엔 그냥 넘어가나 봐라!'

드디어 현관문 여는 소리가 들린다.

"지금 몇 시야?"

남편은 작정을 하고 버럭 고함을 내지른다. 초반에 기선을 제압할 작정이었다.

"미안! 많이 늦었지. 아, 글쎄 왜 친구 순영이 있잖아. 밤이 늦었는데도 자꾸만 더 있다 가라고 해서. 호호호!"

'웃기는 소리 하고 있네. 내가 척 보니 술 냄새도 나고 분명히 다른 사람이랑 있다 온 게 빤한데 거짓말을 해?'

남편은 다시 한 번 큰 소리로 아내를 다그친다.

"누굴 만나고 왔다고? 웃기는 소리 하고 있네. 얼굴에 다 씌어 있거든."

남편의 한마디에 아내는 새빨간 립스틱이 칠해진 입술을 한껏 들이민다.

"뭐가 쓰여 있다고? 그러면 한번 읽어 줘 봐. 나도 궁금하니까. 빨리!"

남편은 자신의 각본대로 돌아가지 않자 몹시 당황스럽다. 자신의 계획대로라면 이쯤에서 아내는 분명 한풀 꺾여야 한다. 하지만 상황은 예기치 않은 곳으로 흘러가고 만다. 남편은 작전상 후퇴를 외치며 철수한다. 말로 여자를 어찌 당하겠는가. 남자들에게는 깊고 깊은 구중 궁궐의 터널을 가지고 있는 여자들을 당해낼 재간이 없다. 그렇다면 조직생활을 통해 접해 본 그녀들의 일면은 어떨까.

포커페이스의 종결자들

"여행 가는데 꼭 이걸 지참해야 하나요? 챙겨야 할 짐도 많은데."

"예. 회장님의 방침이라서요."

제주도에서 실시하는 이벤트에 대한 클레임 내용이다. 문제는 참석자들이 의무적으로 드레스를 착용해야 한다는 데 따른 불만의 소리였다. 외부 숙박이 있는 경우 여성들은 기본적으로 챙겨야 할 것들이 꽤 많다. 여러 벌의 갈아입을 옷이며 화장품, 헤어제품, 각종 액세서리, 신발 등등. 그런데 거기에다 부피를 잔뜩 차지하는 드레스까지 추가로 챙기려니 이맛살이 절로 찌푸려진다.

공항에 도착한 그녀들의 얼굴에는 뭔가 마음에 들지 않는 표정이 역력했다. 하지만 숙소에 도착해 옷을 갈아입고 예정된 장소로 들어서는 그녀들의 표정은 언제 그랬냐는 듯 눈부시게 달라져 있었다. 평범한 가정주부였던 그들인 만큼 결혼식 이후 처음 입어 보는 드레스였을 것이다.

그녀들의 표정은 우아하면서도 섹시하고 고결해 보이면서도 도발적이었다. 요염한 스텝으로 레드카펫을 밟으며 그녀들이 들어선다.

도열해 있는 본사 직원들이 건네는 장미꽃 한 송이를 받아 들고 그들의 에스코트를 받으며 입장하는 그녀들의 모습에서는 각자 살아온 인생의 자부심이 묻어 나왔다.

하지만 얼마 후 미션 시간. 우아한 차림의 복장에 어울리게 우아한 모습으로 게임에 임하던 그녀들이 상품이 걸리고 팀별 경쟁이 시작되자 본연의 모습으로 돌아갔다. 드레스와는 상관없이 마트에서 타임세일을 알리면 일제히 달려드는 아줌마의 모습으로 돌아가 오로지 상품에 목숨을 걸었다. 행사장이 순간 도떼기시장으로 변했다.

"줄을 서시오, 줄을! 이러시면 아니 되옵니다!"

확성기를 쥐고 질서를 독려해 보지만, 그녀들의 강력한 전투력 앞에 남자 직원들의 방어선은 허물어지고 만다. 경품이랑 쿠폰을 달라며 달려드는 그녀들 앞에 남자들은 급기야 무서움까지 느낀다. 식사 시간이 되어서야 돌아간 그녀들 뒤에는 전쟁의 참혹한 흔적만이 남았다. 하지만 이는 서막에 불과했다.

레크리에이션 시간이면 빠질 수 없는 게 댄스파티다. 남자 직원들과의 커플댄스 시 함께 어우러지는 그녀들의 모습은 노골적이고도 적극적이다. 람바다 음악에 맞춰, 때론 탱고 리듬에 몸을 맡긴 그녀들의 모습은 샤론 스톤도 울고 갈 정도로 뇌쇄적이다.

과연 저들이 평범했던 여인들이 맞나 싶어 입이 다물어지지 않을 정도다. 꼭 드레스를 입고 가야 하냐며 항변하던 여인들이 맞는지, 와인 잔을 기울인 채 조금 전까지 우아한 모습으로 식사를 하던 여인들이 맞는지.

파란 하늘이 눈부시게 시리던 10월의 어느 날. 발령 후 첫 업무로 맡은 가을 단풍놀이 행사 운영. 조직원들의 사기를 높이기 위한 행사지만 왕 대리는 단단히 마음을 먹어야 했다. 제약 회사 영업으로 잔뼈가 굵은 그였지만 직장 이직 후 현장에서 활동하는 사람들을 처음 대하는 자리였기 때문이다. 관광버스에 올라타자 무슨 품평회라도 하듯 뚫어지게 바라보는 그녀들의 눈빛이 예사롭지 않다. 이럴 땐 기선 제압이 필요하다.

"반갑습니다, 여러분! 앞으로 여러분과 동고동락할 싱싱한 총각 왕 대리입니다!"

군대에서 신고식을 하듯 우렁찬 목소리로 인사를 하자 우레와 같은 함성이 터져 나왔다. 고참 선배들의 말대로 확실히 그녀들은 외모를 떠나 총각이라는 점에 더 열광하는 것 같았다. 야유회를 만끽하기 위한 여정의 출발점은 버스 안에서의 음주로 시작됐다. 주거니 받거니 하던 그녀들의 잔이 어느새 그를 표적으로 삼았다.

"왕 대리님! 목소리 좋으시네요. 한잔 드시죠?"

"넵!"

소주와 와인 그리고 걸쭉한 막걸리의 3중주로 그녀들의 얼굴이 조금씩 발그레해져 갔다. 술도 한잔 먹었겠다 돌아오는 차 안에서는 트로트 메들리와 함께 관광버스 댄스가 이어진다. 이런 자리에서 영업부 직원의 역할 중 하나는 그녀들의 흥을 한껏 돋워 주는 것이다. 그런데 남자 혼자 다수의 여인네들을 상대한다는 게 정녕 쉬운 일은 아니다. 악과 깡으로 버티며 수많은 여인네의 손을 잡고 살리고 살리고를 외친

214

다. 그런데 그게 끝이 아니다. 속옷이 흠뻑 젖도록 땀을 흘리며 도착한 뒤풀이 장소는 네온사인도 찬란한 아라비안나이트 클럽. 그곳에서도 그녀들의 액션은 계속됐다.

변화의 바람에도 아직까지 가부장적 풍토에서 완전히 벗어나지 못하다 보니, 여성들은 남성들과 달리 자신의 욕구를 밖으로 잘 드러내지 못하는 경향이 있다. 그래서 우리나라에서 많이 발병하는 독특한 질병 중 하나가 화병이다. 이는 밖으로 터뜨리지 못하고 속으로 쌓아 두기만 해서 울화병이라고도 불린다. 거기에 항상 친절로 승부해야 하는 서비스 업종에 종사하는 경우는 고객들에게서 느끼는 스트레스까지 한 겹 더 포장된다. 그래서인지 그녀들이 터뜨리는 해소의 열기는 대단하다. 특히나 좁은 스테이지 위, 그것도 오색 조명이 난무하는 곳에서의 모습은 상상 그 이상이다.

술도 마실 만큼 마셨고 분위기도 한껏 자유로운 공간에서 이따금 그녀들은 이성을 놓기도 하고, 평소 조용하고 얌전하며 새침데기였던 여성들이 전혀 다른 모습으로 돌변하기도 한다. 왕 대리를 중심으로 원을 만들어 둘러싸며 점점 조여 오는 그녀들. 남편에게서, 사람들에게서, 자식들에게서, 시댁 식구들에게서 받았던 온갖 불편한 감정을 본사 직원인 그에게 모두 해소하는 듯했다. 급기야 옷이 벗겨지고 속옷이 찢기는 사태까지 발생하고 말았다.

아침 7시부터 시작된 단풍놀이는 자정을 넘어서야 끝이 났다. 그녀들의 안전 귀가를 위해 친절하게 택시까지 잡아 태우고서야 왕 대리는 숙소인 모텔로 돌아가 샤워를 하며 하루 일과를 마무리한다. 고된 하루였음에도 쉽게 잠이 오지 않는다.

'내가 이 짓을 하려고 이 회사에 입사했나? 계속 이런 식이면 하루라도 빨리 그만두는 게 낫지 않을까?'

다음 날 아침, 밤새 뒤척여 푸석한 얼굴로 해당 거래처에 들린 왕 대리. 언제 그랬냐는 듯 그녀들은 전날의 모습과 사뭇 다른 조신한 품행으로 그를 반긴다.

"왕 대리님! 어제 진짜 수고 많으셨어요."

"덕분에 스트레스 쫙 풀렸어요."

"애쓰셨습니다. 금월 매출 100퍼센트, 아자!"

순간 왕 대리는 그녀들을 향해 묻고 싶다. 어제 하루 종일 그토록 자신을 힘들게 했던 그 여인들이 맞느냐고.

3

스펙 쌓는 남자 vs
이야기를 만드는 여자

"거기를 꼭 가야만 하니?"

여기는 이탈리아 피렌체 두오모의 큐폴라. 신혼여행을 온 커플이 아침 식사 후 여전히 말다툼 중이다. 500여 계단이나 되는 그곳을 8유로의 입장료까지 내고 올라가자는 신부의 제안이 남자는 영 못마땅하다.

'미쳤지. 돈까지 내면서 거기를 왜 가냐고.'

그곳에 대체 뭐가 있기에 신부를 비롯해 단체로 여행을 온 여성들까지 기를 쓰고 그곳엘 가자는 것인지 남자는 알다가도 모를 일이었다. 그곳은 르네상스 문명 발상지의 유물이기도 했지만 여성들이 그곳에 가고자 하는 데엔 또 다른 이유가 숨어 있다.

피렌체의 두오모는 베스트셀러를 원작으로 한 일본 영화 〈냉정과 열정 사이〉의 남녀 주인공이 연애시절 이후 다시 만나기로 한 약속 장소로, 다시 말해 여성들의 로망이 담긴 곳이었다.

신부의 말에 남자가 푸념 아닌 푸념을 늘어놓는다.

"영화 하나가 이곳을 아예 관광 상품으로 만들었네."

하지만 싫지만은 않은 듯 자신은 영화 속 주인공인 '준세이'가 되고 신부는 '아오이'가 되어 자신들만의 러브스토리를 만든다. 지금도 그곳에는 연애 순례지처럼 수많은 연인들이 방문해 자신들만의 사랑의 추억을 만든다.

이처럼 스토리텔링이 강조되는 시기에 그 중요성을 인식할 수 있었던 계기는 몇 해 전 대학원 수업을 들으면서였다. 테마파크의 현장 실무자 한 분의 강좌를 듣던 중 한 사례가 내 머릿속에 박힌 것이다.

"중국 음식을 다루는 식당이 있었습니다. 그곳은 외곽에 위치해 손님이 잘 오지 않을뿐더러 인지도가 떨어져 문을 닫아야 할 시기를 저울질하고 있던 곳이었죠. 그러다 이곳을 다른 시각으로 한번 마케팅해 보자는 결정을 내렸습니다. 그래서 먼저 상호를 새롭게 바꾸고 그것에 따른 관련 콘셉트를 설정했죠. 옛날 중국의 신화를 각색해 역사와 전통을 강조한 유서 깊은 중국집으로 탈바꿈시켰고, 관련 그림까지 시각적으로 내세워 고객들의 시선을 사로잡는 시도를 했습니다. 그 결과 몇 개월 후 그곳은 매출의 신장세를 이룰 수 있었습니다."

하나의 관광지가, 한 곳의 중국집이 새로운 전략적 사고로 인해 또 다른 변화를 맞이할 수 있다는 사실. 이것이 스토리텔링의 힘이다.

스토리텔링의 경쟁력

시대가 변하고 세월이 흘러도 사람들은 신화와 민담, 동화 속 이야기에 관심을 기울이고 그것에 주목한다. 현실적이지도, 생산적이지도 않은 그런 것들에 왜 사람들은 조명을 시도하고 상품성을 접목하는 것일까. 예능 프로그램 '1박2일'의 담당 프로듀서였던 나영석 씨가 이런 말을 한 적이 있다.

"대학시절 저도 남들처럼 있어보임직한 딱딱하고 두꺼운 책을 들고 다닌 적이 있습니다. 하지만 얼마 후 책을 덮고 말았죠. 그리고 저는 알았습니다. 나는 이런 어려운 책을 싫어하는구나."

그래서 그는 사람들이 감명 깊게 읽은 책을 꼽아 달라고 하면 그런 난해한 지식으로 무장된 두꺼운 책보다는 무협지를 선정한단다. 남들이 보기에 수준이 떨어지고 어쩌면 허무맹랑한 이야기라고 치부할지 몰라도, 그는 그런 비현실적인 이야기들을 통해 국민 프로그램이라고 할 수 있는 '1박2일'의 아이템과 프레임을 만들어 내는 내공을 비축했다.

이야기를 만들고 가공하고 재배치해 소비자들에게 인식시키고 구매로 연결 짓게 하는 스토리텔링 기법. 이는 어린 시절 할머니 혹은 어머니들이 우리를 무릎에 앉혀 놓고 옛날이야기를 해주던 그때 그 시절에서 비롯된다. 우리는 옛날옛적 호랑이 담배 피우던 시절의 구수한 이야기들을 무척이나 흥미롭게 들었고 그 재미에 빠져 늘 하나만 더해 달라고 조르기 일쑤였다.

"할머니, 하나만 더해 주세요."

그녀들의 입에서 전해지는 흥미진진한 이야기는 우리의 오감을 자극하며 상상의 나래를 펼치게 해주었다. 그리고 그 상상력은 어른이 되어 더 큰 통찰을 가능하게 해주는 훌륭한 요인으로 작용한다.

어린 시절 남자 아이들의 로망 중 하나는 나이키 운동화를 신는 것이었다. 가격이 비싸 구입하지 못하는 친구들은 기존 운동화에 사인펜으로 나이키 로고를 그리고 다닐 정도였다. 하지만 이런 나이키가 처음부터 탑 브랜드였던 것은 아니다. 당시 아디다스라는 난공불락의 적수가 존재하고 있었기 때문이다. 호시탐탐 기회를 노리고 있던 나이키에 드디어 정상의 자리에 등극을 할 수 있는 계기가 생겼고, 그 배경에는 스토리라는 요소가 큰 몫을 담당한다. 저자 최은수는 『넥스트 패러다임』을 통해 이에 대해 다음과 같이 설명한다.

나이키는 골프 천재 타이거 우즈, 테니스 황제 존 매켄로 등을 앞세워 승리, 열정, 도전의 스토리를 만들어 냈다. 1988년 슬로건인 '저스트 두 잇Just Do IT'을 만들어 나이키 정신을 전파했다. 캠페인을 통해 고객에게 꿈과 희망의 스토리를 심어 주었다. 이 같은 '스토리' 전략은 흔해 빠진 운동화를 도전과 열정의 상징으로 바꿔 냈고 매출 증가로 이어졌다. 스토리는 고객의 마음을 움직이는 제3의 감성이 됐다.

이 같은 감성을 일으키는 조류에는 팩션(팩트와 픽션이 합해진 말)이라는 요소도 함께한다. 얼마 전 큰 인기를 얻은 영화 〈광해, 왕이 된 남자〉만 보더라도, 실록의 단서를 가지고 사건의 재창조와 대중의 코드에 맞게 이야기를 가공함으로써 흥미를 일으킨 경우다. 이런 시도의 목적은 대중들에게 어필하기 쉽기 때문이다. 그러다 보니 이런 스토리를 국가적인 브랜드로 적극 활용하는 나라도 있는데, 그중 한 곳이 영국이다.

영국에서는 2010년 런던 북부의 횡단보도 하나를 '2급 국가문화유산'으로 지정했다. 사람들은 처음 이 사실을 들으면 굉장히 의아하게 생각한다. 얼마나 대단한 곳이기에 도로 바닥에 그려진 횡단보도를 문화유산으로까지 지정한 것일까. 그런데 설명을 듣고 나면 생각이 바뀐다. 그것은 세대를 뛰어넘어 문화적 충격으로까지 받아들여졌던 전설적인 그룹 비틀즈와 관계가 있기 때문이다. 즉, 1969년 비틀즈가 마지막으로 녹음한 앨범에 멤버 네 명이 이 에비로드Abbey Road에 있는 횡단보도를 건너는 사진이 실리자 눈치 빠른 영국 정부에서 이를 관광 상품으로 개발한 것이다.

이 일련의 행위를 여러분은 어떻게 생각하는가. 유치하다고 여기는가. 아니면 역시 대단한 나라라고 여기는가. 전자라고 생각하는 사람이라도 만약 그곳에 가게 되면 수많은 다른 여행객들이 그러하듯 횡단보도를 건너며 그때 그들의 모션을 취하고, 그때 그들과 당신의 시대를 떠올리고, 그때 그들의 음악을 흥얼거리며 역사 속 한 페이지에 동참하게 될 것이다.

그때를 기억하게 만드는 힘, 그것이 스토리의 또 다른 매력이다. 이런 맥락을 꿰뚫고 있기에 영국은 2012년 런던올림픽 개폐막식과 전세계적인 열풍을 일으킨『해리포터』와『나니아 연대기』같은 작품을 끊임없이 생산해 내고 있다. 이 같은 스토리의 상품성은 대중들을 통해 새로운 조망의 과제를 던진다. 강의를 업으로 삼는 강사의 경우에도 상품과 지식, 전달하려는 요소를 기존의 단순한 강의 패턴이 아닌 음악과 연극 등의 시청각적 요소를 가미한 자신들만의 판타지 세계로 청중을 초대해 함께 느끼도록 하는 것이다.

인간은 이성적인 존재인 척하지만 중요한 결정이나 선택 사항 의무가 제시될 때 대개는 감성적인 형태의 버튼을 누르게 된다. 여기에 스토리라는 대상은 동기 요인의 훌륭한 재료가 되며, 대중들에게 이미지와 상상의 시각화를 통해 자신의 선택에 메리트를 부여하는 역할을 제시한다.

고객은 원한다. 똑같은 매장에서 똑같은 상품을 구입하더라도 차별성과 선택의 우월성을 확인함으로써 자신이 다른 이보다 더 나은 상품을 구입했다는 자부심을 느낄 수 있는 권한을.

이야기를 뽑아내는 창조력

남성의 뇌는 일반적으로 물리적 그리고 공간적 영역에 적합한 반면 여성의 뇌는 언어에 의한 의사소통과 감정 조절 부분에 유리하다. 이런 능력은 스토리텔링을 강조하는 현시대의 요구와 적절하게 맞아 떨어진다. 여성은 그 능력에 따라 남성들보다 이야기를 창조하고 가공해 적절하게 사용하는 데 있어서 훨씬 자연스럽다. 존 그레이가 『화성에서 온 남자 금성에서 온 여자』에서도 언급했듯이 여자들은 문제가 있을 때 해결책 모색의 관심에 중점을 두는 남성들과 달리, 이야기를 통한 감정 표현이나 이해에 촉수를 밝힌다. 이런 능력들이 은연중 현시대가 요구하는 과제들에 부합하는 것이다.

거미가 줄을 치는 광경을 본 적이 있을 것이다. 꽁무니에서 실을 뽑아 한 올 한 올 튼튼하게 지어나가는 모습을 보면 천부적인 재능의 건축가가 연상되기도 한다. 여성은 이와 같다. 탁월한 솜씨로 능숙하게 베틀을 돌려 이야기를 뽑아낸다.

대한민국의 주말 저녁을 평정하고 있는 드라마를 보면 잘생긴 남녀 배우들이 등장해 대개 사랑이라는 불멸의 주제로 이야기를 펼쳐 나간다. 그것이 불륜이든, 이뤄질 수 없는 절절한 사랑이든, 행복에 겨운 아름다운 사랑이든 시청자들은 이를 통해 대리만족을 느끼며 감정 이입을 한다.

그렇다면 해답은 나와 있다. 이 사랑의 줄다리기 게임에서의 주체는 누구일까. 그렇다. 당연히 여성이다. 복잡 미묘한 사랑의 게임에서 여성은 밀고 당기고를 주도한다. 그래서인가. 이 진부하기까지 한 사랑이라는 테마는 상품성 면에서도 1위 자리를 놓치지 않는다. 그것의 절대적인 수혜자는 감정에 충실한 여성이며 우리는 그 대상을 공략해야만 한다.

다음 첫사랑을 주제로 한 이야기가 있다. 이 글을 읽으며 여러분의 감성을 한번 확인해 보자.

아침 미팅을 마치고 사원들이 난로 앞에 옹기종기 모여 서서 수다의 꽃을 피우고 있다. 김 국장도 늠름하게 그 대열에 합류했다. 그중 한 여성이 호들갑을 떨며 자랑삼아 다음과 같은 이야기를 꺼낸다.

"세상에! 지난주에 그 사람한테서 전화가 왔지 뭐예요."

"누구 말이에요?"

김 국장이 상황 파악이 되지 않아 의아해하자 옆에 있는 사람이 살며시 귓가에 속삭인다.

"첫사랑한테서 연락이 왔대요."

쉰이 넘은 나이의 유부녀에게 첫사랑 남자가 연락을 했다고? 김 국장은 궁금해 못 견디겠다는 듯 다음 질문을 던졌다.

"그래요? 전화해서 뭐라고 합디까? 만나자고 하던가요?"

"어떻게 아셨어요? 한번 만난다고 큰일날 거 없으니까 만났죠. 어떻게 변했는지 궁금하기도 하고."

그녀의 대답에 동료들이 환호하며 박수를 쳤다. 원래 남의 가정사나 연애담은 호기심을 자극하는 법이지 않은가. 모두 그 뒷이야기가 궁금해 성화를 했다.

"그래서 무슨 일을 하며 살고 있대요?"

"서울에서 병원을 하고 있다더라고요."

김 국장은 속으로 미친놈이 아닌가 싶은 생각이 들었다. 멀쩡하게 돈 잘 벌고 사는 놈이 뭐가 아쉬워 첫사랑을 찾으러 서울서 이 먼 지방까지 내려온단 말인가.

"그래, 만나 보니까 어떻든가요?"

김 국장은 뻔한 스토리라고 생각하면서도 궁금증이 더해만 갔다.

"첫사랑을 만난다는 게 묘한 느낌이더라고요. 잠도 못 이루고 밤을 홀딱 샜지 뭐예요. 출근길에 남편이 저녁에 일찍 들어 오냐고 묻는데 왠지 마음 한구석이 찔리기도 하고. 여하튼 두근대는 가슴을 안고 약속 장소로 나갔는데, 만나자마자 서로를 알아보겠더군요. 몇십 년 만에 만났는데도 참 신기하죠? 하나도 안 변했더라고요."

그녀의 이야기는 계속됐다.

"만나서 뭐했는데요?"

"호수 부근에 있는 레스토랑에서 스테이크도 먹고 차도 마셨죠. 차림도 단정하고 매너도 아주 좋더라고요."

김 국장은 그녀의 남편이 이 사실을 알고나 있을까 싶은 생각이 들자 이야기에 열을 올리는 그녀가 괜스레 얄미워졌다.

"우린 20대 중반에 볼링장에서 처음 만났는데, 지금도 그렇지만 제가 그때도 운동은 좀 잘했거든요. 내가 연속 스트라이크를 하자 옆 라인에서 볼링을 치고 있던 그가 관심을 보이더니 대시를 하더라고요. 몇 번 데이트하다가 콧대 높게 바람을 맞혔는데, 만약에 그때 잘됐으면……."

그녀의 말에 당사자보다 동료들이 더 난리다. 사람들이 한결같이 아깝다는 표정을 지었다. 하긴 병원 의사인 첫사랑 남자와 평범한 샐러리맨인 그녀의 남편이 객관적으로 비교 되는 건 사실이다. 그녀의 이야기가 끝나갈 즈음 가만히 듣고 있던 어르신의 일침이 모두를 제자리로 돌아가게 했다.

"누가 뭐라고 해도 담 밖에 있는 장미보다 내 집 안의 채송화가 소중한 법이여!"

어떻게 느껴지는가. 유치하다는 생각이 드는가, 아니면 충분히 공감이 되는가. 이 이야기는 담 밖의 장미보다 내 집 안의 채송화가 더욱 소중하기에 아끼고 보듬으라는 메시지를 첫사랑이라는 주제로 풀어낸 것이다.

스토리텔링은 이성적인 작업이라기보다는 간접적이며 메타포적인 감성에 바탕을 둔 작업이라고 할 수 있다. 사람들은 그런 이야기에 녹아나며 동질감을 느끼고 환호한다. 그렇기에 여성의 강점 중 하나는 이야기를 해석하고 재창조하며 그것에 감동하는 데 있다.

스펙이 아닌 스토리를 키워라

대한민국 축구선수 기성용. 촉망받는 그도 해외 진출 첫해에는 스코틀랜드에서 극심한 슬럼프로 많은 어려움을 겪었다. 그런 그가 해결책으로 택한 방법은 팬들이 보내 준 비디오테이프를 통해 자신이 잘 치러 낸 경기 장면을 집중적으로 모니터함으로써 경기 감각과 평정을 되찾는 것이었다.

226

강점에의 집중! 실제로 직원들의 약점보다 강점을 강화하는 데 집중하는 조직의 생산성이 약 1.5배 더 높다는 연구 결과도 있다. 이를 바탕으로 만약 당신이 강점 활용의 중요성을 설명하는 스토리텔링의 프레젠테이션을 제작한다면 어떻게 구성할 수 있겠는가?

① 남성 스타일인 이성적이고 객관적인 데이터를 활용해 고객의 신뢰도를 높인다.
② 여성 스타일인 직관적이고 감성적인 시나리오를 만들어 고객의 마음을 사로잡는다.

20세기 산업화 사회에서라면 1번 사항이 각광을 받았겠지만 현재는 이성보다 감성이 유효한 시대다. 그런 의미에서 2번을 활용해 '닭과 독수리'를 등장시켜 다음과 같은 이야기를 만든다면 어떤 반응이 나타날까?

닭과 독수리는 절친한 친구였다. 그러던 어느 날 독수리가 닭에게 말했다.
"닭아, 나는 네가 참 부럽다."
닭은 독수리의 말에 깜짝 놀랐다. 그도 그럴 것이 무엇 하나 부러울 것 없는 하늘의 제왕인 독수리가 하루하루를 고달프게 살아가는 자신을 보고 부러워하다니 그로서는 이해가 안 됐다.
"독수리야, 무슨 소리를 하는 거니? 네가 내게서 부러울 게 뭐가 있어. 나는 네가 가진 능력을 얼마나 흠모하는데. 하늘을 훨훨 날기도 하지, 억센 발톱과 부리로 먹이를 쉽게 낚아채지, 거기다 그 큰 날개를 활짝 펴면 얼마나 멋지다고!"

그러자 독수리는 이렇게 대답했다.

"나는 땅 위를 잘 뛰어다니는 네가 부러워. 어떤 비법이 있는지 가르쳐 줄래?"

닭은 참 살다가 별일도 다 있다고 생각했다. 땅 위를 뛰어다니는 게 부럽다니. 닭은 처음으로 자신의 발을 집중해서 바라보았다. 삐죽이 튀어 나온 못생긴 발톱이 자신의 고달픈 현실을 말해 주는 듯했다. 그런데 이 발로 뛰어다니는 자신이 부럽다니.

닭을 잡아 보거나 그 현장을 목격한 사람은 이해가 될 것이다. 닭은 사람 손에 쉽게 잡히지 않는다. 날지도 못하는 놈이 어찌 그리 날쌔게 도망을 다니는지. 쫓아다니다 기력이 다 빠질 정도다.

한 번도 진지하게 생각해 보지 않은 점이긴 하지만 어쨌든 독수리의 요청이니 닭은 방법을 알려 주기로 했다.

"독수리야, 방법은 딱 하나야. 열심히 쉬지 않고 나처럼 걷는 연습을 하면 돼."

그 말에 독수리는 피나는 연습을 했고 100일 뒤 결국은 닭처럼 땅 위를 잘 뛰어다니게 됐다. 그런데 숨어 있던 늑대 한 마리가 독수리의 그런 모습을 눈여겨보고 있다가는 순식간에 달려들었다. 하지만 이를 발견하고도 급히 날아오르지 않고 그저 뒤뚱거리며 걷던 독수리는 다시는 이륙하지 못했다.

228

닭의 강점은 잘 뛰어다니는 것이고, 독수리의 강점은 잘 나는 것이다. 이 이야기가 전하는 바는 무엇일까. 독수리처럼 자신의 주력 분야가 아닌 것에 시간 낭비를 하기보다는, 자신이 가진 강점에 더욱 주력해 충분히 갈고 닦아야 경쟁력이 생긴다는 메시지이다.

어떤가. 논리를 앞세운 장황한 설명보다 스토리를 만들어 메시지를 전달하는 쪽이 훨씬 더 비유적이며 쉽게 이해되지 않는가.

미래학자 롤프 옌센은 『드림 소사이어티』를 통해 이렇게 말한다. 미래의 상품은 이성이 아니라 우리의 감성에 호소할 수 있어야 한다고. 그래서 머리로 아이디어를 짜내는 브레인스토밍보다는, 마음으로 생각과 정서를 나누는 하트스토밍Heartstorming을 활성화해야 한다고.

아침 출근 후 담배부터 물기보다는 차를 음미하며 자신만의 1일 스토리를 만들어 보자. 진정한 성과 관리가 무엇인지 생각하고, 업무에 목매기보다는 직원들의 기분과 행위를 들여다보자. 무엇이 고민이며 어떤 갈등을 가지고 있는지. 거기에 해결 방법이 있다. 그리고 자신의 가슴에 귀 기울여 보자. 머리보다는 가슴을 통해 울리는 즐거움, 기쁨, 충만함, 열정을 느끼고 진정성을 공유하자. 퇴근길 일생의 동반자에게 해줄 행복한 고민을 해보자. 어떤 이벤트로 배우자를 기쁘게 해줄지 구성하고 실행해 보자.

자기 자신만큼 상품성 있는 스토리텔링도 없다. 그렇기에 이를 훈련하면 상위 레벨로 올라갈 수 있는 좋은 아이템이 된다. 단, 이를 위해서는 자신의 특성, 취향, 성격, 가치관, 이상 등에 대해 명확하게 고찰하는 전제조건이 필요하다. 조용한 장소를 선정해 집중할 수 있는 시간을 만들어 성찰과 함께 다음 작업을 진지하게 시도해 보자.

① A4 용지 20쪽 내외로 자신이 살아온 인생사를 축약해 작성하라. 쉽지 않을 것이다.
② 자신이 붙으면 다음엔 50쪽 내외로 자신의 과거, 현재, 미래를 총망라하는 자전적인 내용의 이야기를 작성하라. 이는 경험해 본 사람만이 그 효과의 파급성을 인식할 수 있다.

똑같은 대상과 사물이지만 의미를 부여할 때 그것은 새로운 생명을 얻는다. 이것이 스토리텔링의 힘이고 그 시발점은 자기 자신으로부터 나온다. '더바디샵'의 창업자 아니타 로딕은 자신의 저서『영적인 비즈니스』를 통해 다음과 같이 이야기한다.

나는 지금도 제품에 얽힌 이야기와 조직에 얽힌 이야기가 우리 더바디샵에서 커뮤니케이션의 중요한 요소가 된다고 본다. 우리가 어디서 어떻게 제품의 성분을 구했느냐 하는 이야기는 본질적으로 아무 의미가 없는 제품에 의미를 주며, 우리 회사에 얽힌 이야기는 우리의 역사와 공동의 목적의식을 전해 준다.

4
감정을 공유하라!
그것이 치유의 시작이다

뚜벅뚜벅! 발걸음 소리도 남다르다.

"야, 빨리 준비해!"

업무를 시작하기도 전에 들이닥치는 그분의 존재감으로 직원들은 난리가 났다. 바바리코트를 휘날리며 들어서는 본부장의 포스. 영웅본색의 주윤발까지는 아니더라도 카리스마 넘치는 모습이 신입 시절에는 정말 더없이 멋있어 보였다. 하지만 그의 이런 모습 뒤에는 냉정함도 함께 자리한다.

"000 씨! 내 방으로 들어와."

호출 명령이 떨어지자마자 지명된 당사자는 가슴이 철렁 내려앉는다. 자신이 맡은 업무의 각종 데이터를 바탕으로 현 상태와 향후 운영 방안에 대한 브리핑을 한 뒤 쏟아지는 질문에 막힘없이 답변을 해야 하기 때문이다. 하지만 작정하고 불러들인 그의 폭풍 같은 질타를 당해 낼 재간은 누구에게도 없었다. 일진이 사나워 지명된 사람은 그날 하루 거의 초상집 분위기가 된다.

한 시대를 풍미한 이랬던 리더십이 현재는 '힐링Healing'이라는 단어로 진화 중이다. 그런데 그 열풍이 심상치 않다. 마치 모두가 굶주렸다는 듯이 대중 매체에서뿐만 아니라 각 개인의 일상용어로까지 확대되고 있다. 그만큼 우리가 삭막한 시대에 살고 있으며, 마음속의 앙금과 상처가 많다는 것을 증명하는 것이리라.《서울신문》 2012년 8월 18일자에는 '정치·스포츠…… 떠오르는 힐링 리더십'이라는 타이틀로 현재의 관심을 대변하듯 다음과 같은 기사가 실렸다.

힐링 신드롬이 확산되면서 힐링 리더십도 주목받고 있다. 정치, 사회, 문화계에서 수직적으로 권위적이고 일방적인 게 아니라 눈높이를 맞추는 수평적 자세로 대중의 고통에 공감하고 그 고통을 스스로 치유할 수 있도록 힘을 주는 리더십이 주목받는 것이다. 지난해 한국 사회에 강하게 불었던 '소통'이라는 화두에서 한 단계 더 나아간 것이다. 불만을 토로하기 전에 먼저 대중의 마음을 읽고 먼저 다가가며 낙오자 없이 전체를 포용하는 리더십이다. 소통뿐만 아니라 사회를 통합해 낼 수 있는 능력과 전문가로서의 능력을 보여 주어야 한다.

삶에 힐링이 필요한 이유

대학교 학부 시절, 심리학 입문 과목 수강 시 개념을 설명했던 내용이 아직도 기억난다. 심리학이란 인간과 동물의 행동 및 심리 정신 과정을 과학적으로 연구하는 학문이라는 내용이었다. 그래서 인간의 행동을 기술하고 설명하며 예측하고 통제할 수 있다는. 그런데 내면의 공통적인 기저에는 사람들을 바라볼 때 바람직하고 건설적인 모습보다는, 비판적이고 좋지 않은 모습을 더 들추어내고 끄집어내는 속성이 있다는 것이었다.

그러다가 세월이 흐르고 새로운 시대의 변화에 따라 새로운 대안들이 대중들의 관심을 끌게 됐다. 일명 긍정심리학, 코칭 등이 그 예다. 이는 사람이라면 누구나 과거의 잘못과 외부로 드러내기 싫은 아픈 상처가 있으며, 이를 분석하고 교정하기보다는 현재의 자신이 가지고 있는 부분 중 장점과 성장시킬 요소가 있음을 깨닫는 것이다. 부정적 모습이나 개선할 모습이 아닌 자신의 현재 모습을 인정하고 지지하고 격려하며 자신이 바라는 더 좋은 방향으로 나아가게 해 궁극적으로 행복한 삶을 살게 해주는 것이다. 그것이 현재 떠오르는 대안들이 인기를 끄는 이유이며 힐링이 추구하는 바일 것이다.

그룹 들국화가 모 방송 프로그램에 출연한 것을 본 적이 있다. 보컬인 전인권 씨는 알려진 대로 그다지 평탄하지 않은 삶을 살아온 사람이다. 현실에 적응하지 못해 대마초 흡연으로 몇 번이나 교도소에 수감되었고 병원을 전전했다. 그렇게 방황하던 그였기에 세상 안으로 다시 들어오기가 쉽지 않았을 것이다. 그때 그를 구원으로 인도한 메신 저가 있었으니 다름 아닌 이혼한 아내의 한마디였다.

"내가 전인권 좋아하잖아."

모든 사람들이 손가락질하고 비난할지언정 나는 그런 당신을 좋아 한다는 진심어린 그 말 한마디가, 끝내는 그의 마음을 치유하고 그의 인생에 관여하게 되어 결국 그를 제자리로 돌아오게 만들었다. 이것이 힐링의 참모습이다.

문제가 생겼을 때 남성과 여성의 처리 방법에는 분명한 차이점이 있 다. 먼저 남자의 경우를 보자.

"큰일 났네. 이달에도 빈털터리야. 월급을 받으면 뭐하냐고. 나가는 게 더 많으니. 이러다 내 집 장만은커녕 솟구치는 전세금이나 제대로 마련하겠냐고."

대길 씨는 월말만 되면 이맛살을 찌푸린다. 그도 그럴 것이 대출이 다 뭐다 해서 빠져나가고 나면 남는 게 없기 때문이다. 하소연을 하는 대길 씨를 대하는 동료의 반응을 한번 보자.

"야, 사는 게 다 그렇지. 뭘 그렇게 고민해. 퇴근하고 내가 술이나 한잔 살게!"

한 잔, 두 잔 걸치다 보면 정말 동료 말대로 고민이 온데간데없이 사 라진다. 역시 알코올의 힘은 위대한 법. 하지만 다음날 아침이면 다시 새록새록 부활하는 고민의 실체들. 거기에다 숙취까지.

이번에는 여자의 경우를 보자.

234

"아휴, 내가 미쳐! 그 인간은 왜 나를 못 잡아먹어서 안달일까. 지시한 대로 보고서 써서 올리면 무슨 트집을 그렇게 잡는지. 내가 정말 그 인간 때문에 요새 잠을 다 못 잔다니까. 덕분에 피부 트러블 생긴 거 좀 봐."

분이 풀리지 않는 듯 정 대리는 화장을 고치면서도 여전히 씩씩댄다. 이를 듣고 있는 동료의 반응을 한번 보자.

"어머, 자기도 그랬구나! 어쩜 그렇게 그 인간은 싸가지가 없니. 지금이 어떤 시대인데 아직도 여직원을 그렇게 닦달하는 거냐고. 나이 값도 못하고 말이야. 정 대리뿐만 아니라 다른 직원들도 못 잡아먹어서 야단이더라고. 그러니 온라인 인기투표에서 맨날 꼴찌지."

이처럼 여성들은 남성처럼 술이나 마시고 마는 게 아니라 상대방의 고충을 공감하고, 수용하며 경청하는 능력을 발휘한다. 이런 능력이야말로 이 시대가 원하는 리더십의 필수조건이다.

성인이 되어서도 변하지 않는 것 중 하나는 누구를 막론하고 어머니의 품을 그리워하는 마음일 것이다. 철모르던 어린 시절, 속이 상했다가도 어머니의 그 따뜻한 품에 안기면 모든 것이 봄눈 녹듯 사라지곤 했다. 세상에 그보다 더 훌륭한 안식처가 어디 있겠는가. 절대적인 편안함의 안전지대. 어쩌면 힐링의 시작은 어머니의 자궁에서부터 시작된 것인지도 모른다. 힘들고 아프고 삶이 버거울 때마다 우리는 어김없이 어머니의 품을 떠올리기 때문이다.

2012년 9월 26일자 국제학술지《플로스원》에 여성이 양성의 존재임을 암시하는 내용의 연구 결과가 실렸다.

미국의 프레드허친슨 암연구센터 과학자들이 발표한 내용인데 "여성 시신의 뇌에서 Y 염색체가 곳곳에 흩어져 있는 것을 처음으로 확인했다"는 것이다. 연구진은 32세에서 101세 사이에 사망한 여성 59명의 뇌를 조사했고, 그중 3분의 2에서 Y염색체를 발견했다. 사람의 뇌에는 혈뇌장벽이라는 게 있어서 약물이나 병원체가 피를 타고 뇌로 들어오는 것을 막는데, 임신 중에는 이 장벽이 느슨해진다고 한다. 그로인해 태아의 세포가 어머니의 뇌로 들어가 오랫동안 살게 되었다는 것이다. 조사 결과 94세에 사망한 여성의 뇌에서도 Y 염색체가 발견됐다. 이는 곧 여성의 신체에 남성의 염색체가 함께 공존한다는 것을 의미한다. 다른 말로 해석하면 이는 여성이 남성의 속성을 이해하는 것 외에도 그들의 행위를 받아들이고 공감하는 능력이 남다른 이유가 바로 여기에 있는 것이다.

사람들이 다른 회사로 이직하는 경우는 적성에 맞지 않는 업무나 연봉 때문이기도 하지만 대다수는 인간관계 때문이다. 그러므로 관계에서 중요한 것은 조화와 적절한 조율 능력이다. 그렇다면 체질적으로 여성은 남성에 비해 이처럼 소프트웨어적인 우월성을 차지한다고 볼 수 있다. 결국 이 연구 결과는 여성의 포용력을 입증하는 증명 사례가 된 셈이다.

미래학자 제레미 리프킨은 『공감의 시대』를 통해 관계와 이에 수반되는 공감의 중요성에 대해 다음과 같이 이야기 한다.

그들은 인간의 모든 활동이 실체적 경험, 즉 다른 사람과의 관계라고

236

전제하면서, 그런 관계 속에서 나타나는 공감 능력, 즉 다른 사람이 자신인 것처럼 그의 마음을 읽고 반응하는 능력은 인간이 세계에 참여하고, 개인의 정체성을 만들고, 언어를 발전시키고, 설득하는 법을 배우고, 사회적이 되고, 문화적 실화를 지어 내고, 현실과 존재를 정의하는 방법의 핵심 요소라고 주장한다.

유아기 때 여러분이 관계를 맺은 첫 번째 대상은 누구였는가. 남자와 여자 아이가 장난감 놀이를 하는 모습에서도 성별의 차이점을 확인할 수 있다.

"씽씽! 우와, 얍! 쾅!"

남자아이들은 대개 로봇과 자동차를 가지고 치고 박고 쿵쾅거리며 요란하게 논다.

"좀 조용히 갖고 놀지 못하겠니? 어른들 대화중이잖아."

꾸지람을 해도 본 체 만 체다. 하긴 나도 그랬다. 프라모델이나 로봇 조립하기를 즐겼으며, 또래 아이들이 미니카를 갖고 노는 걸 보는 날에는 당장 사달라고 엄마에게 떼를 쓰기 일쑤였다. 시대는 바뀌었어도 남자 아이들이 갖고 노는 장난감은 크게 달라지지 않았다. 반면 여자 아이들의 놀이 모습은 사뭇 다르다.

"너는 엄마 해. 나는 아빠 할 테니까."

평소 보아 왔던 엄마 아빠 역할을 대신하며 요리와 소꿉놀이에 집중한다. 파트너가 없으면 혼자 1인 2역을 하기도 하고, 인형을 상대로 살아 있는 생명체인 양 재잘거리며 대화도 주고받는다.

왜 이렇게 차이가 있는 것일까. 성별에 따른 이런 놀이의 차이는 과연 선천적인 것인가. 그리고 이런 놀이의 확장된 유형은 남녀 간에 어떤 특성을 부여하는가.

최근 연구 결과에 따르면 여기에는 성호르몬 차이뿐만 아니라, 성별에 따른 인간의 진화 방향도 한몫 차지하는 것으로 나타났다. 2009년 미국 텍사스 A&M 대학 심리학과 게리언 알렉산더 교수 팀은, 태어난 지 19개월 된 아이에게 트럭 장난감과 공, 인형을 주고 노는 모습을 관찰했다. 그 결과 장난감 선호도에 큰 차이가 없는 것으로 나타났고, 연구팀은 이 연구 결과가 인간의 진화와 관련 있다는 해석을 내놓았다. 알렉산더 교수는 "남자는 사냥이나 식량 채집 등 넓은 공간에서 활동하는 게 유전자에 저장되어 활동성 있는 장난감을 선호한다"며 "여자는 사회적 관계를 중시해 사람 모양을 한 인형을 선택한다고 볼 수 있다"고 덧붙였다.

이 연구 결과가 우리에게 의미하는 바는 크다. 즉, 20세기 리더형은 추진력과 카리스마로 무장해 산업화 시대를 이끌어 갈 수 있는 수직적 능력을 가진 이들이었으며, 대중들은 바로 이런 리더를 원했다. 여기에는 테스토스테론 호르몬의 강점에 힘입어 행동 지향적이며 활동을 우선시하는 하드웨어적인 남성이 적합했다. 반면 오늘날의 대중은 소프트웨어적인 리더십을 원한다. 즉, 감성과 섬세함을 바탕으로 대화를 중시하고 사람들의 관계를 우선시하며 공감으로 상처 입은 사람을 어루만지는 수평적 리더십을 추구하는 것이다.

생각해 보자. 무생물인 로봇과 자동차를 갖고 놀았던 남자 아이가

238

지배하는 사회와 집, 가족, 사람을 닮은 인형을 가지고 놀며 성장한 여자 아이가 뜻을 키우는 사회가 같을 수 있겠는가. 현실에 일어나는 여러 문제점들을 굳이 들쳐보지 않더라도 오늘날 대중들이 요구하는 리더상이 어떤 모습인지는 쉽게 알 수 있다.

힐링 리더십의 5가지 원칙

진정한 힐링 리더십은 타인으로의 목적성이 아닌 나로부터의 출발을 전제로 한다. 그 기본 원칙에 대해 살펴보자.

첫 번째 원칙은 지금 이 순간을 축제의 시간으로 만드는 것이다. 어느 가톨릭 성직자의 묘지 입구에는 다음과 같은 문구가 새겨져 있다.

"Hodie mihi Cras tibi."

우리말로 해석하면 '오늘은 나, 내일은 너'라는 뜻이다. 죽음에 대한 명제를 묵상하는 문구로서 묘지 앞에 있어 더 의미심장하게 느껴지지만 속뜻은 다가올 내일이 아닌 오늘, 즉 현재의 삶을 바라보라는 의미다.

그렇다면 여기서 돌발 퀴즈! 영화 〈푸른 소금〉에 나오는 대사에 힌트가 있다. 힌트를 주었으니 쉽게 맞힐 수 있을 것이다. 세상에는 중요한 금이 세 가지 있다. 첫 번째가 사람들이 미치도록 좋아하는 황금이고 두 번째는 요리에 빠지지 않는 소금인데, 그렇다면 마지막 세 번째 금은 무엇일까? 맞다. 바로 '지금'이다. 지금만큼 중요한 순간은 없다.

니코스 카잔차키스는 『그리스인 조르바』를 통해 사람들이 갈구하는 로망을 다음과 같이 드러낸다.

새 길을 닦으려면 새 계획을 세워야지요. 나는 어제 일어난 일은 생각 안 합니다. 내일 일어날 일을 자문하지도 않아요. 내게 중요한 것은 오늘, 이 순간에 일어나는 일입니다. 나는 자신에게 묻지요. "조르바, 지금 이 순간에 자네 뭐하는가?" "잠자고 있네." "그럼 잘 자게." "조르바, 지금 이 순간에 자네 뭐하는가?" "일하고 있네." "잘해 보게." "조르바, 자네 지금 이 순간에 뭐하는가?" "여자에게 키스하고 있네." "조르바, 잘해 보게. 키스할 동안 딴 일일랑 잊어버리게. 이 세상에는 아무것도 없네. 자네와 그 여자밖에는. 키스나 실컷 하게."

지금 이 순간 당신은 무엇을 하고 있는가? 두 번째 원칙은 당신의 가슴속에 꿈틀대는 그것이다. 미숙 씨는 가정과 일을 병행하는 40대 중반의 커리어우먼이다. 떨어지는 낙엽을 보노라니 왠지 마음이 울적해지는 그녀. 우울증을 앓았던 전적이 있기에 감상에 젖다 보면 더욱 심연 속으로 가라앉을 것 같아 무언가 돌파구를 찾기로 한다. 그러다가 우연히 TV에서 드럼을 치는 광경을 목격했다.

'그래 바로 저거야. 나도 저렇게 한번 신나게 두드려 봤으면. 그런데 남들이 보면 주책없다고 하지 않을까.'

그녀는 이곳저곳 알아보다가 문화센터에 등록을 했다. 마침 강사도 아주 잘생긴 20대 총각이고 해서 절로 기분이 좋아진다. 강습회 첫날.

240

준비물인 드럼 채와 메트로놈, 드럼 패드를 챙겨 들고 기대 반 우려 반으로 강의실 문을 열고 들어선다. 그런데 이런, 강의실에는 미숙 씨 또래의 남자들만이 우글거리는 게 아닌가. 직장생활을 통해 쌓인 게 많아서 그런 모양이다. 미숙 씨는 순간 주저한다.

'홍일점인데 괜찮을까? 에라, 모르겠다!'

미숙 씨는 수강 내내 식은땀을 흘렸다. 박자 감각이 없어서인지 남들만큼 따라가지 못하는 것 같다. 남자들 시선도 아직은 어색하다. 그래도 한편 신이 나는 건 분명하다. 아직은 음표도 잘 읽지 못하지만 드럼을 칠 때의 쾌감과, 손끝으로 전해지는 짜릿한 감각이 몸을 자극한다. 10년 묵은 체증이 뻥 뚫리는 느낌이다.

미숙 씨는 집에 돌아와서도 드럼 채를 들고 복습에 한창이다. 이를 본 아이들이 한마디 한다.

"엄마, 뭐해?"

"응. 드럼 한번 배워 보려고. 나중에 잘하면 여성들로 조직된 그룹 사운드에 들어갈 거다."

미숙 씨의 당찬 포부에도 남편은 심드렁하기만 하다.

"참 내, 드럼은 무슨 드럼. 요새 한가한 모양이지?"

"하여튼 남자들이란. 내가 대꾸를 말아야지."

그날 밤 미숙 씨는 꿈속에서도 드럼 패드를 두드린다. 무대 위에서의 스포트라이트를 기원하며.

김 사장은 대기업에 근무하다 40대 초반 일찍이 사업에 뛰어들었다. 승승장구하던 중 수익성 악화로 돌아오는 어음을 막지 못해 결국

부도 처리를 당하고 말았다.

몇 십억의 부도금액은 그의 목을 죄었고, 날마다 악몽에 시달리던 그는 결국 우울증이 심해져 치료를 받는 상황에 처했다.

'이러다가는 안 되겠어. 전환점을 마련하지 않으면 내가 먼저 죽을지도 몰라.'

그는 평소 마음속에 간직하고 있던 통나무집 짓기에 관심을 두기 시작했다. 망설이다가 아내 몰래 몇 개월간의 수강과 실습을 거치고 외국 관련 서적까지 뒤적이던 그는 직접 집을 지어 보고 싶은 마음이 들었다. 결국 강원도 외진 곳에 부지를 보러 다니던 중 용기를 내어 아내에게 이야기를 꺼냈다.

"여보, 내 손으로 집을 한번 지어 보고 싶은데 어렵지만 돈을 좀 융통해 볼 수 있을까?"

아내는 어이가 없다. 무슨 얼굴로 저런 말을 하는지 뻔뻔하다 싶었다. 하지만 남편의 진지한 말에 고심하던 그녀는 끝내 용단을 내렸다. 부도 이후 실의에 빠져 있던 남편이, 그래도 뭔가 배우러 다닌다고 하니 예전의 살아 있는 모습을 기대할 수 있을 것 같았다.

"알았어요. 당신이 좋아하는 일이라면 해야죠."

하고 싶었던 무언가를 통해 다시금 잃어버린 상징성을 회복하기 시작한 두 사람. 그들에게 드럼과 통나무집이란 단순한 매개체가 아닌 자신들이 투사된 영혼의 산물이다.

세 번째 원칙은 일상의 스케치다. 로마의 철학자이자 정치가인 세네카는, 인간은 날마다 자신의 영혼에게 스스로를 설명해야 한다고 했

242

다. 하루 일상 중 정화淨化의 중요성을 꿰뚫어 지적한 말인데, 여기에는 글쓰기만큼 효과적인 것도 없어 보인다. 하루를 보내며 일상 속에서의 흐름과 삶의 궤적을 글이라는 형식으로 풀어내는 행위는, 아날로그적인 형태를 뛰어넘은 치유 방법 중 하나다. 또한 쓰는 작업은 대뇌와도 연관되어 창조적인 생각을 발휘하게 하고 기억의 배설구와도 같은 역할을 하게 한다.

줄리아 카메론의 『아티스트 웨이』에서는 이를 위한 하나의 방법으로 '모닝 페이지'를 소개한다. 매일 아침 의식의 흐름을 세 장 정도 적어가는 것인데 이는 창조성을 일깨우는 방법이지만 내면의 소리에 귀를 기울이는 효과도 수반된다. 이를 행하면 통찰력과 상황에 대한 불평 대신 건설적인 행동을 취하도록 유도해 준다. 나아가 꿈에도 생각지 못했던 해결책으로의 안내 역할도 수반된다고 하니, 지금 당장 오늘 업무의 일정을 체크하기보다 일상의 풍경을 스케치해 보는 게 어떨지.

네 번째 원칙은 울음의 카타르시스다. 누가 말했던가. 남자는 일생을 살면서 세 번만 울어야 한다고. 턱도 없는 소리이다. 남자도 자주 운다. 그것도 겁나게 슬피 운다. 군대시절 선임한테 맞아 서러워 울고, 아기를 낳는 아내의 고통에 덩달아 울고, 태어난 아기를 보고 감동해 울고, 아버지의 진정성을 몰라주는 자식이 야속해 울고, 승진 시험에 떨어져 누구에게도 하소연하지 못하는 쓰라린 마음을 혼자 다독이며 운다. 단, 남자들은 남들이 보지 않는 곳에서 소리 없이 운다.

여러분은 남자들의 그런 모습을 어떻게 생각하는가. 약함을 드러내는 표징, 아니면 못난 남자의 궁상, 그것도 아니면 그럴 시간에 강해지도록 내공을 키우라고 잔소리라도 하고 싶은가.

남자들은 어릴 때부터 '사내대장부 콤플렉스'라는 굴절된 학습 관념에 힘입어, 감정을 건설적으로 표출하는 방법을 터득하지 못한 채 성장했다. 그래서 영화 〈쉘 위 댄스〉에 공감하거나 억눌린 감정을 쌓아 두었다가 비싼 돈 들여 비생산적인 곳에 표출하는 것이다.

약함을 인정하고 자신에게 솔직해지기를.

울어라, 남자들이여!

다섯 번째 원칙은 감정의 공유다. 비가 부슬부슬 내리던 어느 날. 이런 날은 막걸리에 파전이 딱이다 싶지만 왠지 기분도 그렇고 해서 이따금씩 들리던 카페를 찾았다. 늦은 저녁이어서인지 손님이 그다지 많지 않았다.

"손님은 어떨 때 이곳에 들리시는 거예요?"

주인이 먼저 말을 건넨다.

'어떨 때 찾느냐고? 그야 조용히 술 한잔 하고 싶거나 남의 간섭 받고 싶지 않을 때지 뭐. 그런데 나한테 이런 걸 묻는 의도가 뭐지? 그러고 보니 안색이 별로 안 좋아 보이네.'

무슨 말이라도 해야 할 거 같았다.

"무슨 걱정이 있으신 모양이네요."

베네딕틴을 들이키며 지나가는 말로 한마디 던지자 그녀는 사람이 그리웠던지, 아니면 자신의 마음속 상처를 나누고 싶은 누군가가 필요했던지 이런저런 이야기를 꺼내 놓는다.

오지랖이 넓다 보니 혹시 도움을 줄 수 있을지도 모른다는 생각에 코칭 현장에서 사용하는 효과적인 방법 중 하나인 NLPNeuro-Linguistic Programming 스킬 중에서 엑설런트 서클Excellent Circle을 적용해 보았다. 이는 쉽게 말해 일정한 장소를 가공으로 만든 다음 언제든 그 안에 들어가면 리소스풀Resourceful한 상태를 느끼도록 해주는 것이다. 특히 과거의 좋았던 경험을 계속 떠올리도록 하는 게 효과적이다.

"지금까지 살아오시면서 가장 행복했던 기억은 어떤 거세요?"

작업의 정석은 아니지만 나의 이 같은 행위가 그녀에게 예상치 않은 자극을 주었던 모양이다. 이말 한마디에 그녀의 방어벽이 허물어지기 시작하더니, 급기야 숨겨 놓았던 과거의 슬픈 기억으로까지 이어져 대성통곡을 하게 만들었다. 이 눈물은 무엇을 의미하는 것일까. 줄스 에반스는 『철학을 권하다』에서 이렇게 말한다.

순례를 떠나는 것은 자신을 상처받기 쉽게 만드는 일이고, 자신이 다른 사람들에 좌우되게 만드는 일이다. 순례 길에서 우리는 다른 사람들의 도움이라는 선물을 받는 법, 자신이 남에게 의존해 살아가는 존재라는 사실을 받아들이는 법을 배운다. …… 우리에게는 서로가 필요하다는 사실을 인정하고 받아들여야 한다.

여러분도 가끔은 중대한 판단의 갈림길에서 혹은 고민과 문제 해결의 방책 등으로 혼자만의 세상에 고독하게 주저앉는 경우가 있을 것이다. 그럴 때 그 공간에 타인이 들어갈 조금의 여백이라도 있거나, 그 공간에 지지자의 의미를 갖는 파트너가 들어올 수 있게 하면 어떨까.

카페 주인은 그날 마음을 나눌 상대방이 필요했고 우연하게도 그 타이밍에 나는 그녀와 감정을 공유할 유일한 사람이 되어 주었다. 여러분은 평소 어떤 사람인가?

5
남자도 때론 여자에게
길을 물어야 한다

찬바람이 몰아치는 겨울밤. 이런 날은 뜨끈한 아랫목에 누워 김이 모락모락 나는 군밤이나 고구마를 까먹으며 뒹구는 게 제격인데, 장 과장은 그러지 못해 못내 아쉽다. 아파트 재활용품을 버리는 날이 돌아왔기 때문이다. 한주에 한 번 정해져 있는데 업무다 뭐다 해서 잊다 보면 쓰레기들이 순식간에 산처럼 쌓인다. 그래서 오늘처럼 회식 자리에서 기분 좋게 한잔 걸치고 귀가해서도 저 밑바닥에 있는 책임감과 의무감에 쓰레기를 싸들고 분리수거장으로 향한다. 그런데 스스로 생각해도 웃기는 일이다.

엘리베이터 거울에 비친 초췌한 한 사내의 자화상. 크리스마스 시즌도 아니건만 양손 가득 쓰레기 자루를 들고, 술기운으로 불콰한 얼굴에 추리닝 복장으로 슬리퍼를 질질 끌며 서 있는 자신의 모습을 보니 어이없는 웃음이 났다.

아침이면 때깔 나는 양복 차려입고 기세 등등 출근해, 회의 시간이면 촌철살인 같은 스피치로 좌중을 압도하고, 인사 시즌이면 언제나 일순위로 급행열차를 탔으며, 가정을 쥐락펴락 하며 하늘같은 지아비의 모습을 풍기던 자신이 정말 맞는지 의심스러웠다.

장 과장은 스스로에게 묻는다. 넌 누구냐? 그런데 그만 그런 게 아닌 모양이다.

50대 초반쯤 되어 보이는 중년 남성이 플라스틱, 비닐봉지, 유리병, 종이류 등으로 각각 구분되어 있는 분리함 앞에 서서 능숙한 솜씨로 물건들을 집어넣고 있다. 척 봐도 한두 번 해본 솜씨가 아니다. 그런데 자세히 보니 낯이 익다. 수거일은 동마다 요일이 다르고 그러다 보니 간혹 안면이 있는 사람과 마주치기도 한다. 가재는 게편이라고, 서로 아는 체를 한다.

"안녕하세요!"

"아예, 안녕하세요!"

그가 멋쩍게 인사를 하더니 신세한탄을 늘어놓는다.

"매주 이 짓을 해야 하니, 체면이 말이 아닙니다."

그는 결혼생활 18년째며 현재 살고 있는 아파트에만 10년째 거주하고 있다고 했는데, 지금껏 자신이 분리수거를 도맡아 하고 있단다. 처음에는 서로가 맞벌이를 하는 통에 남편인 자신이 이런 거라도 도와주자 싶어 시작했는데, 아 글쎄 그게 이날 이때까지 이어질 줄은 꿈에도 생각하지 못했단다.

"그럼 이제부터라도 교대로 하시죠."

장 과장의 말에 그가 혀를 찬다.

"내가 왜 시도해 보지 않았겠어요. 그런데 처음부터 그렇게 버릇이 되어서 그런지 말이 안 먹혀요. 막말로 평소 운동도 안 해서 자꾸 살만 찌니까 다이어트도 할 겸 계단으로 걸어 내려가서 버리고 오면 좋지 않느냐고 해도 콧방귀도 안 뀌더라고요. 다시 태어나면 내가 저런 여자랑 결혼하나 봐라 하고 후회도 하지만 다 소용없는 일이죠 뭐. 앞으로도 계속 이 짓을 하고 살아야 하니, 참."

그날 건장한 두 남자는 벤치에 쪼그리고 앉아 늦도록 수다를 떨었다. 신세한탄이 대부분이었지만.

세 명의 남자

늦잠 자기로 유명한 여성이 있었다. 그러다 한 남자에게 눈이 멀어 시집을 가게 되었는데, 홀로 그녀를 키운 친정아버지가 못내 마음을 졸이며 당부의 말을 했다.

"나는 시방 네가 걱정이다. 결혼을 허면 그 집에 들어가 시부모를 모시고 살아야 하는데 새벽에 일어나서 어떻게 밥을 할 것이며, 신랑 출근은 제대로 시킬 것인지 눈앞이 캄캄하다. 내가 날마다 깨워 주랴?"

"걱정하지 마세요, 아버지. 닥치면 다 하게 되어 있어요."

하지만 호언장담과는 달리 매일 늦잠을 자는 통에 그녀는 밥 먹듯

구박을 받았다. 그러던 중 임신을 했고 얼마 후 고대하던 사내아이를 출산했다. 원체 잠이 많은 그녀다 보니 상황은 더욱 힘들어졌지만 그런 그녀도 아이의 뒤척이는 소리가 나면 밤낮을 구별하지 않고 벌떡벌떡 일어나 젖을 먹이고 기저귀를 갈았다. 이를 본 친정아버지는 그저 딸이 기특해 웃음이 절로 났다.

"참 신기하네. 아이를 낳으면 귀가 밝아지는가, 어째 그리도 잘 일어나는가. 허허!"

여성의 역사를 말할 때면 항상 함께 등장하는 조연 배우 세 사람이 있다. 바로 아버지, 남편, 아들로 불리는 이들이다. 한때는 이들의 영향으로 여자의 인생이 좌우되기도 하고 주연이 뒤바뀌는 경우도 있었다. 남자 세 명만 잘 만나면 인생이 꽃핀다는 호랑이 담배피던 시절의 이야기도 있지 않은가.

먼저 '아버지'에 대해 살펴보자. 우리 어머니 때만 해도 '아버지'는 권위를 넘어 하늘과 같은 신분이었다. 당신의 엄명에 대꾸라도 할라치면 여자가 어디 눈을 부라리느냐는 불호령이 떨어졌다. 그야말로 독재의 시대였다. 거기다 어머니까지 합세해 협공을 펼치면 세상에 내 편은 아무도 없다는 서러움에 남몰래 울곤 했다. 그렇게 영원토록 위엄을 날릴 것 같던 아버지였건만 세월에 장사 없듯이 이빨 빠진 호랑이 신세가 되고 말았다.

'남편을 가정의 중심으로 다시 세우자.'

이 같은 모토를 내건 '남편과 아버지 기 살리기 클럽'이라는 이색 민

간단체가 최근 출범했다. 남편과 아버지의 권위를 되살려 이혼, 자녀 일탈 등으로 인한 가족 해체 문제를 예방해야 한다는 한 시민단체의 제안을 행정안전부가 공익지원 사업으로 채택하면서 이뤄진 것이다. 중요한 것은 '기 살리기 클럽' 창립을 주도한 단체의 중심이 여성들이라는 점이다. 그녀들의 이 같은 배려에 남성을 대표해 감사라도 전해야겠지만, 한편 씁쓰레한 마음을 숨길 수 없는 건 왜일까.

두 번째는 '남편'이다. 수동적이고 피동적인 삶에 길들여져 스스로 자신의 삶을 개척하고 자신의 동반자를 선택한다는 개념 자체가 없던 그 시절에는 어떤 남자를 만나느냐에 따라 여자의 인생이 바뀐다고 생각했다. 그래서 초등학생들에게 꿈이 무엇이냐고 물으면 대부분의 여자 아이들이 신사임당과 같은 현모양처라고 대답했다.

물론 오늘날 이런 사고는 구시대의 산물로 여겨진다. 하지만 정도의 차이만 있을 뿐 지금도 어느 정도 이어지고 있는 게 사실이다. 파트너를 선택할 때 남성들이 여성의 외모에 점수를 주는 반면, 여성들은 태도나 성품보다는 아직도 남성의 능력을 1순위로 삼기 때문이다. 여자들의 모임을 한번 들여다보라. 남편이 어떤 일을 하며 경제적인 능력이 어느 정도인지가 그녀들의 가장 큰 관심사다. 이는 남편의 파워를 자신과 동일시하는 여성들의 의식 때문이다. 그 덕에 아내들이 모임에라도 갔다 온 날이면 남편들은 단단히 각오를 해야 한다. 어떤 화풀이도 받아들이겠다는 각오.

"자기는 학교 다닐 때 뭐했어? 놀지 말고 열심히 공부했으면 지금 이렇게 살지는 않을 거 아냐!"

"모임이라고 잔뜩 차려입고 나갔다 오더니 괜히 왜 야단이야."

영문을 모르는 남편이 뿌루퉁해서 한마디 던져 보지만 본전도 못 건진다.

"글쎄 말이 되냐고! 순자 그 계집애가 고등학교 때 맨날 뒷자리에서 졸기만 하고 공부도 완전 못하던 애라고! 그러던 애가 남자 하나잘 만나 강남에 평수 넓은 고급 아파트에 살면서 수천만 원대 이태리 가구에 고급 외제차 타고 다니며 산다고. 우린 대체 언제 그렇게 살거냐고!"

그때 출출하다며 나타나 간식 타령을 하는 아들. 눈치코치 없이 끼어든 아들은 그날 밤 이유 없이 쥐 잡듯 잡혔다.

하늘까지는 아니더라도 파트너, 반쪽이라는 상징적 의미의 '남편'들. 그들은 지금 어떤 존재로 자리매김하고 있을까.

하루가 멀다 하고 매스컴에 보도되는 성폭행 사건. 세간의 관심이 집중되다 보니 여성들 서넛만 모이면 공통의 화제도 온통 그 이야기이다.

"세상에 어떻게 그런 일이 있을 수 있어요. 그런 놈들은 그냥 목을 뎅거덩!"

"맞아요, 맞아. 딸 키우는 입장에서 어디 불안해서 살겠냐고. 합법적으로 그런 놈들은 거세를 시켜야 해. 그래야 다시 허튼짓 못하지."

열변을 토하며 서로 하나가 된 그녀들 곁을 지나노라면 왠지 같은 종족이라는 이유만으로 살벌한 기운마저 느낀다. 그뿐이랴. 남자 망신의 결정판인 기사가 또 튀어나왔다.

아내를 살해해 징역 2년 6개월을 선고받은 수감자가 복역을 피하기 위해 20년 동안 식물인간으로 쇼를 하고 살다가 경찰에 덜미를 잡힌 것이다.

대체 이게 무슨 꼴이람. 일부이긴 하지만 이게 굵고 짧게 진정 남자답게 살아가겠다는 우리의 모습이 맞는지. 급기야는 다음과 같은 사례처럼 불구대천의 악연으로 끝나는 경우도 있다.

최 여사를 만난 건 어느 가을 아침, 뿌옇게 안개가 낀 날이었다. 남들처럼 행복한 가정을 꿈꾸며 결혼한 그녀. 여느 부부처럼 사랑싸움도 해가며 알콩달콩 살아가는 가운데 아이도 낳았다. 하지만 기쁨도 잠시. 남편의 사업이 부도가 나고 빚더미에 올라앉자 그토록 사랑하던 남편이 변하기 시작했다. 평소 욱하는 성격이 있긴 했지만 그래도 그 정도는 아니었다. 그러나 남편은 막무가내로 망가졌다. 수시로 일어나는 감정 폭발과 폭음에 이어지는 술주정까지. 남편이 귀가할 시간만 되면 최 여사는 두려움에 온 신경이 곤두섰다.

그러던 어느 날, 남편이 싸늘한 시체가 되어 돌아왔다. 스스로 목숨을 끊은 것이다. 그녀는 하늘이 무너져 내리는 것만 같았다. 힘든 과정을 겪기는 했어도 그래도 자신의 남편이며 아이의 아버지가 아닌가. 그런 사람이 자살을 하다니. 최 여사는 앞으로 남편 없이 아이와 둘이 살아갈 일이 막막했다. 그때였다. 시어머니가 다짜고짜 그녀를 향해 욕설을 퍼붓기 시작했다.

"아들 살려 내, 이년아! 내 아들 살려 내란 말이다! 너 때문에 내 아들이 죽었다고! 자고로 집안에 여자가 잘 들어와야 된다고 했거늘, 처음부터 맘에 들지 않더니 결국 네년 때문에 우리 아들이 죽었다고!"

시어머니는 그렇잖아도 탐탁지 않았던 며느리였는데, 당신 아들이 죽음에 이르자 모든 책임과 원망을 며느리에게 퍼부었다. 결국 최 여사는 남은 재산과 그녀의 삶을 지탱해 주던 아이마저 빼앗기는 신세가 되고 말았다.

얼마 후 그녀는 과도한 정신적 압박을 이기지 못해 끝내 정신분열증 치료를 받는 상황에 처했다. 그런 가운데서도 어떻게든 살아보겠다는 몸부림으로 일을 하러 나온 그녀 앞에 나는 아무 말도 해주지 못했다.

세 번째는 '아들'이다. "엄마가 거짓말을 했으니까 미안하다고 사과해!"

기차를 타고 가던 중 사내아이의 앙칼진 목소리에 잠이 깼다. 언제 도착하느냐는 아이의 반복되는 질문에 아이 엄마는 "조금 있으면 도착해"라고 답했고, 아이는 조금이 지나도 여전히 목적지에 도착하지 않자 거짓말을 한다며 엄마를 닦아세웠다.

부모가 자식에게, 특히 아들에게 목을 매는 경우는 아직도 어렵지 않게 접할 수 있다. 가문의 대를 이어야 한다는 과제와 제사를 지낸다는 명분이 여전히 존재하기 때문이다. 하지만 한때 황제처럼 떠받들던 아들을 향한 맹신은 이제 기억 저편으로 사라지고 있다. 찬밥 신세를 받던 딸들의 화려한 잔치가 시작되고 그녀들의 전방위적 능력이 수면 위로 떠오른 것이다. 군대를 다녀온 덕분에 가산점이라는 제도가 있음에도 변변한 직장 하나 구하기 힘들고, 공기업 여성 임원 비율을 30퍼센트까지 확대한다는 기사들은 우리의 미래를 예시한다. 남자의 상징이었던 'Work Hard(열심히 일하자)'의 모토가 여성들의 강점을 드러내게 하는 'Think Hard(열심히 생각하자)'로 전환되는 오늘날 아들이 설 자리는 과연 어디일까.

남성이 득세했던 그날들이 지나고 역사의 도도한 흐름 앞에 새로운 해가 떠오른다. 그토록 아들 타령을 하던 부모들은 격세지감의 볼멘소리를 하고, 이제는 딸을 원하는 사람들이 훨씬 많아진 세상이다. 부모와 대화를 많이 하는 친구 같은 딸과, 원수 같은 아들이라는 말이 나올 정도다.

아들 가진 학부모들이 남자와 여자의 특성을 고려한 수업방식을 요구한다는 말을 들은 적이 있다. 유치원 여자 아이들은 선생님이 교육할 때 잘 경청하는 반면, 남자 아이들은 딴 짓을 하며 장난만 치고 체육 시간에만 활발하기 때문이라는 것이다. 그 때문인지 건강보험심사평가원이 최근 5년간(2007~2011) 20세 이하 소아, 청소년을 대상으로 주의력결핍장애ADHD를 분석한 결과, 열 명 중 여덟 명이 남자라는 우울한 결과가 보고됐다.

어쨌든 이런 결과 탓인지 초등학교 여자 아이들이 수학을 제외한 전 과목에서 남자 아이들보다 평균적으로 우수하다는 사실은 이미 알려진 바다. 그러다 보니 결국은 미래를 위해 아들에게 쏟아 부었던 투자까지도 재검토하기에 이르렀고, 전략적 사고의 전환을 통해 대신 딸의 성공을 기대하는 쪽으로 분위기가 기울어지고 있다.

게다가 최근 베이비부머 세대들의 은퇴 후의 삶이 집중 조명되는 가운데, 같은 남성의 입장에서는 안타까운 현실이 또 하나 기다리고 있다. 한국보건사회연구원의 국민인식조사 결과 평균수명이 길어질수록 우리나라 여성 열 명 가운데 일곱 명 이상이 늙은 남편을 돌보는 부담이 커지면서 부부 간의 갈등을 우려한다는 것이다. 즉, 나이가 들수록 평생을 함께 해온 애틋한 사랑의 감정을 나누기보다는 서로를 또 하나의 짐처럼 취급한다는 의미다. 앞으로 남자들은 어떻게 해야 하나. 이러다 정말 재활용 쓰레기 취급을 당하는 것은 아닌지.

남자의 마지막 과제

철학자이자 역사가인 윌 듀런트는 자신의 저서 『역사 속의 영웅들』을 통해 남자와 여자에 대해 이렇게 서술하고 있다.

남자는 대단히 빛나는 존재일지는 몰라도 근본적으로 따지면, 자궁이며 인간 종족의 주류인 여자에게 공물을 바치는 존재다. …… 남자는 여자가 마지막으로 길들인 동물로, 마지못해 부분적으로만 문명화됐다. 남자는 천천히 여자에게서 사회적 특질을 배워 익혔다. 가족에 대한 사랑, 친절(친족과 가까워지는 것), 절제, 협동, 공동체 활동 등이다. 이제 공동체의 생존을 위해 만들어진 자질이 미덕이 됐다. 내 생각에 이것이 바로 문명의 시작이다. 즉, 문명이란 공동체의 구성원이 된다는 의미다.

여자를 통해 길들여지고 문명이 시작되었다는 내용에 대해 이 땅의 남성들은 얼마나 공감할는지. 그런데 반가운 소식이 하나 있다. 온라인 취업 포털 '사람인'이 289개의 기업을 대상으로 "채용 시 전형 결과가 비슷할 때 어느 성별을 더 선호하는 편입니까?"라고 설문조사한 결과, 50.2퍼센트가 "남성"을 선택한다고 대답했다. 무엇 때문일까? 지금까지의 흐름상 여성이 가진 특성이 우대받아야 하는 시대임에도 불구하고 이런 결과가 나온 이유는 무엇을 말하는가.

남성을 더 선호하는 이유에 대해 다시 물었다. 그런데 답변 중 가장 높은 비율을 차지한 내용이 바로 "야근, 주말 근무 등에 잘 적응할 것 같아서"였다. 즉, 몸으로 행하는 남성의 특성이 아직 우대받고 있다는 단순한 사실을 드러내는 부분이다. 하지만 이런 감성적 논리가 앞으로도 계속되리라는 보장은 어디에도 없다. 그러기에 남자는 공존의 역할을 파트너인 여성들과 함께 지속적으로 키워나갈 수밖에 없다.

토요일 오후, 아들과 함께 한가로이 텔레비전 앞에 앉아 프로야구 경기를 보며 맥주에 닭다리를 뜯고 있다. 그때 전화벨이 울린다.

"여보, 마트에서 장 보고 있는데 짐이 많네. 데리러 오면 안 될까?"

이때 즉각적인 당신의 반응은 어느 쪽인가?

① 그렇지 않아도 유일하게 할 줄 아는 힘쓰는 일을 찾던 중이라며 냉큼 뛰어 나간다.

② 붉으락푸르락 표정이 변해 아들에게 한마디 던진다. "엄마가 짐이 많다니까 니가 갔다 와!"

③ 돈 쓰고 싶었는데 잘되었다며 콜택시 번호를 냅다 누른다.

④ 주말만이라도 나를 제발 가만 놓아두면 안 되느냐며 귀찮은 마음에 몹시 짜증을 낸다.

여성과의 공존이란 무엇을 말하는 것인지 스스로 답을 구하고, 그에 따른 역할이 있다면 어떤 것들이 있는지 찾아 실천해 보자.

'혼자라면'이 아닌 '함께라면'

　매일경제신문과 LG경제연구원이 1995년부터 2011년까지 세대별 사회경제고통지수를 산출했는데 그 결과가 뜻밖이다. 세대별 중에서도 경제의 중심인 40대, 다시 말해 386세대가 가장 심각한 고통을 호소하는 것으로 나타났다.

　실질적인 수입이나 경제적인 면에서 예전보다 나아진 것 같은데도 고통지수가 꽤나 심각한 수준인 것은 왜일까. 속 빈 강정처럼 겉으로 보이는 것과 달리 끝없이 이어지는 경쟁과 강도 높은 스트레스의 연속인 현실 속에서 몸과 마음이 상처투성이로 얼룩진 때문인지도 모른다. 베이비푸어, 하우스푸어, 렌트푸어, 에듀푸어…… 40대를 울리는 고통의 이유가 어디 그뿐이겠는가.

　해마다 맞이하는 연말. 지난 연말에도 대중매체에서는 올 한해 경제 전망에 대해 우울한 기사를 쏟아냈다. 연일 퇴출과 임금 삭감, 구조조정이라는 말이 들려올 때마다 곧 자신에게 닥칠 미래를 보는 것만 같아 등골이 서늘해진다. 봄의 문턱에 서 있음에도 뼛속까지 시리도록 추운 건 삶의 체감 온도가 영하권에 머물러 있기 때문일 것이다.

그런 가운데 우리는 새로운 시대를 맞이하고 있다. 대한민국 정부 수립 이후 첫 여성 대통령 탄생이라는 역사적인 시대가 열린 것이다. 그렇다면 우리는 이 변화를 어떻게 받아들여야 할까. 경륜과 능력을 갖춘 개인의 힘으로 보아야 할지 아니면 기존 체제에 반하는 새로운 변화를 열망하는 화룡점정畵龍點睛의 결과물로 받아들여야 할지 고민하지 않을 수 없다.

신라호텔 임직원들의 필독서이기도 한 테라사와 다이스케의 요리만화『미스터 초밥왕』에 이런 대사가 나온다.

"좋은 초밥이란 비싼 재료나 기발한 요리법만으로 만들어지는 게 아니야. 아무리 시시한 재료라도, 정성을 다하면 얼마든지 맛있는 초밥이 될 수 있어!"

여러분은 혹시 살아오면서 가장 맛있게 먹은 밥이 어떤 것이었는지 기억하는가?

우아하고 분위기 있는 고급 레스토랑에서 일류 셰프가 요리한 화려한 테크닉의 뷔페 만찬인가. 아니면 어려웠던 시절임에도 어머니 혹은 아내가 사랑과 정성으로 버무린 김이 모락모락 나는 따끈한 밥상인가.

지금까지의 세상이 남성이라는 존재 자체만으로도 강력한 무기이자 훌륭한 재료로 인정받던 시대였다면, 앞으로는 그 위에 여성의 정성이라는 무형의 필살기가 적절히 배합되어야 하는 시대다. 여성 대통령의

260

탄생은 어쩌면 이런 가능성을 인식한 대중들의 힘과 뜻이 모인 집합체의 부산물일지도.

    이 책은 남성의 굴욕적인 패배를 논하고, 삼국유사에서 수로부인에게 꽃을 꺾어 바치는 늙은이처럼 여성에게 헌사 하는 찬미가가 아니다. 상대적으로 무시당해 왔으며 또한 지금껏 잘 드러나지 않았던 진정한 여성성을 재조명하고, 애초부터 존재해 온 그 당당한 능력을 반추하는 데 목적이 있다. 나아가 여성 스스로 자신의 특질을 자각해 더한층 그 역량을 키움으로써 남성들과 함께 그 내공을 공유하고 동반 성장하는 데 일조한다면 더 바랄 게 없을 것이다.

    어린 시절부터 아버지의 부재로 인해 어머니와 누나의 영향 아래 살아온 나는 자연스레 여성성을 체득하며 살아왔다. 그런 환경은 지금도 달라지지 않았다. 업무 특성상 여성들을 주로 많이 접하기 때문이다. 그렇다 보니 그들의 속내를 자세히 들여다볼 수 있고 그에 따른 이해의 폭이 넓은 편이다. 남성에 비해 체격도 왜소하고 힘도 약한 여성들이지만 그녀들은 자신들만의 강력한 무기로 열세한 외적 조건을 충분히 상쇄시킨다. 여성 리더십의 장점으로 꼽히는 공감과 배려는 물론, 급변하는 상황에 대처하는 동물적 감각인 육감과 커뮤니케이션에서의 리드, 경청, 수용 그리고 관계의 통합과 섬세함까지, 이 모든 것이 그녀들이 지닌 강력한 무기이다.

    성당 신부님이 주일학교 어린이들에게 다음과 같은 이야기를 했다.

"어린이 여러분! 라면 좋아하죠?"

"네!"

아이들은 합창하듯 대답했다. 이 땅에 세상에 라면을 싫어하는 어린이가 몇이나 되겠는가.

"그럼 신神도 라면을 좋아할까요?"

"당근이죠!"

"그럼 신이 좋아하는 라면은 뭘까요."

신부님의 기발한 질문에 아이들이 저마다 자신이 좋아하는 라면의 이름을 대기 시작했다. 그런 아이들을 물끄러미 바라보던 신부님이 나지막이 한마디 던졌다.

"신이 좋아했던 라면은 '함께라면'이었답니다."

예상치 않은 답변에 아이들이 잠시 조용해졌다. 그리고 이어지는 또 다른 질문.

"그럼 신이 싫어하는 라면은 무엇일까요?"

아이들은 선뜻 입을 떼지 못했다. 담담히 이어지는 신부님의 대답.

"신은 '혼자라면'을 싫어하셨대요."

세상은 톱니바퀴가 맞물려 돌아가듯 남성과 여성이 공존함으로써 비로소 삶이 유지되는 곳이다. 그러므로 어느 성의 우월성을 논하는 일은 불필요한 일일 것이다. 여러분은 '혼자라면'을 선택하겠는가. 아니면 '함께라면'을 선택하겠는가. 당연히 후자 쪽일 것이다. 그렇다면 다음의 사항을 명심하기 바란다.

262

여러분 가까이에 있는 여성이라는 존재를 다시 한 번 눈여겨보고 그들의 특성을 이해하라. 가정에서든, 직장에서든 우리 모두에게는 그들의 능력을 적용 발전시켜야 할 책무가 있다. 그것이 지난날 기득권을 가졌던 사람으로서의 최소한의 책무다.

『미스터 초밥왕』에 등장하는 또 다른 대사다.

"이 세상에 쓸모없는 재료는 없다. 어떤 재료라도 다른 것에는 없는 뛰어난 요소가 하나씩은 있는 거야! 우리 요리사의 임무는 그 재료의 장점을 어떻게 살려내느냐다."

신은 여성에게 재료의 고유성과 그 장점들을 발견하고 살려 내는 요리사로서의 소임을 주셨다. 새로운 시대에는 그 여성의 능력이 더더욱 발휘되기를 소망한다. 더불어 그 곁의 남성들이 동반자로서의 역할에 최선을 다하기를 바라본다.

2013년 3월
새봄

KI신서 4837

여자는 알지만 남자는 모르는 20가지

1판 1쇄 인쇄 2013년 3월 4일
1판 1쇄 발행 2013년 3월 15일

지은이 이승호
펴낸이 김영곤 **펴낸곳** (주)북이십일 21세기북스
부사장 임병주
MC기획1실장 김성수 **BC기획팀장** 심지혜
책임편집 양으녕 **디자인 본문** 모아 **표지** 씨디자인
영업본부장 최창규 **영업** 이경희 정경원 정병철
마케팅본부장 주명석 **마케팅** 김현섭 민안기 최혜령 강서영 김다영 김해나 이은혜
출판등록 2000년 5월 6일 제10-1965호
주소 (우 413-120) 경기도 파주시 회동길 201 (문발동)
대표전화 031-955-2100 **팩스** 031-955-2122
이메일 book21@book21.co.kr **홈페이지** www.book21.com
트위터 @21cbook **블로그** b.book21.com